冶金工业信息标准研究院建院60周年纪念
（1963—2023）

# 中国钢铁情报信息60年

## 60 Years of Chinese Iron and Steel Intelligence Information

▌冶金工业信息标准研究院　编著

北　京

冶金工业出版社

2023

# 内 容 提 要

本书收集、整理和介绍了我国钢铁行业情报信息工作 60 年的发展历程。全书共分 5 章,主要内容包括钢铁情报机构缘起与历程回眸、情报信息与大国钢铁实践同行、情报信息前瞻性促进钢铁创新、"互联网+"助力钢铁高质量发展、情报信息领航钢铁扬帆新征程。书中回顾了从 20 世纪 60 年代初,中央部委、地方及钢铁企业的钢铁情报信息工作在国家方针政策引领下,立足行业发展,把握时代脉搏,不断发展壮大。钢铁战线的情报工作者辛勤耕耘,为我国钢铁行业政策制定、产业布局、转型升级、科技创新、市场开拓、海外投资、品牌建设和竞争力提升做出了重要贡献。

本书可供政府部门和钢铁企业情报信息工作人员及各级管理者和有关研究人员阅读参考。

## 图书在版编目(CIP)数据

中国钢铁情报信息 60 年/冶金工业信息标准研究院编著 . —北京:冶金工业出版社,2023.3

ISBN 978-7-5024-9431-5

Ⅰ.①中… Ⅱ.①冶… Ⅲ.①钢铁工业—信息工作—概况—中国 Ⅳ.①F426.31

中国国家版本馆 CIP 数据核字(2023)第 039455 号

### 中国钢铁情报信息 60 年

| | | | | |
|---|---|---|---|---|
| 出版发行 | 冶金工业出版社 | | 电 话 | (010)64027926 |
| 地 址 | 北京市东城区嵩祝院北巷 39 号 | | 邮 编 | 100009 |
| 网 址 | www. mip1953. com | | 电子信箱 | service@ mip1953. com |

责任编辑 杜婷婷 美术编辑 彭子赫 版式设计 孙跃红
责任校对 梅雨晴 责任印制 禹 蕊
北京捷迅佳彩印刷有限公司印刷
2023 年 3 月第 1 版,2023 年 3 月第 1 次印刷
710mm×1000mm 1/16;11.5 印张;127 千字;171 页
定价 160.00 元

投稿电话 (010)64027932 投稿信箱 tougao@cnmip. com. cn
营销中心电话 (010)64044283
冶金工业出版社天猫旗舰店 yjgycbs. tmall. com
(本书如有印装质量问题,本社营销中心负责退换)

# 编　委　会

# 序

　　钢铁行业作为国民经济的重要基础产业，从 1949 年新中国成立后的艰难起步到如今在世界舞台上熠熠生辉，在其曲折而辉煌的发展历程中，情报工作如一盏明灯，领航指引，照亮前路。从 1963 年钢铁行业专属情报所设立至今已 60 年，情报工作为钢铁行业发展作出了重要贡献。《中国钢铁情报信息 60 年》一书首次呈现了钢铁行业情报信息工作的发展历程，从中可以看到情报机构的成立与变迁、情报内涵的演变与扩展、情报托举行业的担当与成果。

　　一秩奠基初起步。1963 年 3 月 26 日，冶金工业部科学技术情报产品标准研究所（冶金工业信息标准研究院前身）正式成立，并以此机构为核心，建立起多个专业情报中心和专业情报网，初步形成冶金情报体系，冶金系统情报工作得以有组织性、系统性、全局性开展起来，为今后的情报工作发展打下良好基础。

　　二秩整顿再登程。"文化大革命"结束后，原有冶金系统情报网陆续恢复并加快筹建新的情报网，在当时技术信息闭塞的情况下，提供了十分有价值的科技情报，受到了科研人员的极大欢迎，推动了科技进步。

　　三秩改革开新局。改革开放以来，国家工作重点转移到以经济建设为中心的轨道上来，钢铁情报工作出现了多方向发展新局面。为紧跟国外科技发展动态，加强了对外交流，钢铁情报工作转向技术情报跟踪和定题服务。同时，计算机检索开始兴起，情报工作向自动化进发。

四秩内涵再扩展。进入 20 世纪 90 年代，情报和信息服务产业化的发展思路逐步显现，情报内涵也逐步扩展，研究范围从相对单一的科技信息拓展到经济、管理、营销等领域，用于支持企业科研、生产、经营决策的专题调研活动广泛开展。

五秩竞争显特征。进入 21 世纪，随着我国钢铁生产力空前大发展，钢铁行业科技进步取得突破性进展。钢铁行业和企业的科技情报部门明确提出了由科技情报向竞争情报转型的工作思路，实现了技术情报与竞争情报的并重。

六秩模式多元化。党的十八大以来，我国钢铁行业迎来了从"钢铁大国"到"钢铁强国"的历史性转变与跨越，情报工作呈现精准挖掘和战略性支撑的特征。此外，随着新媒体的出现和迅速发展，情报传播模式变得更加多元化，传播更加高效、快捷。

《中国钢铁情报信息 60 年》是为钢铁行业情报工作留史存志的一本著作。在编撰过程中，本书切实依据历史档案，并访谈了不同时代从事钢铁情报信息工作人员，内容丰富且珍贵。本书回望了行业、地方、企业情报机构的建立与演进；钢铁行业不同发展时期情报工作的特点与支撑作用；情报的前瞻性推动钢铁行业科技创新，推动产品升级，推动国际化进程；互联网与新媒体时代钢铁情报工作的变化。本书以点线面体结合的方式，让阅读更加立体化，令读者如置身时代，一览万般变迁。

《中国钢铁情报信息 60 年》是让钢铁行业几代情报人重温激情岁月的一本著作。本书横跨几个时代，穿越时间线，我们从中看到 20 世纪六七十年代钢铁情报人在动荡年代的坚持与奋斗，看到八九十年代经济建设浪潮下钢铁情报工作起航向荣，看到 21 世纪钢铁情报与行业发展辉煌同步迈进新程。本书可以使老一辈钢铁情报人在回眸历史中眺瞻未来，让新时代钢铁情报人在踔厉奋发中沉静思考，起承转合，新老接棒。

过往可鉴，未来可期！钢铁行业高质量发展的新时代赋予了情报人员新的使命，吾辈当不负时代重托，不负青春韶华，扛起大旗，勇毅前行，让情报信息为钢铁巨轮的蓄力远航鼓风扬帆！

中国钢铁工业协会
党委书记、执行会长

# 前　言

　　我国钢铁行业的情报信息工作起步于 20 世纪 60 年代初，经历了早期的探索及改革开放后的快速发展，目前已经建立了服务我国钢铁行业的完备的情报信息机构体系，包括专业情报院所、钢铁企业、地方情报部门。情报信息领航指引，在充当领导的"参谋"和"耳目"方面，在支撑行业和企业发展战略和科技创新方面均发挥了积极作用，为我国钢铁行业的发展作出了重要贡献。

　　2023 年恰逢冶金工业信息标准研究院建院 60 周年，作为我国钢铁战线专业的情报信息院所，有责任、有必要梳理、记载、纪念和介绍我国钢铁情报事业的发展历程及在发展中的大事件，故编辑成书，记录历史，为此，冶金工业信息标准研究院组织人员，查阅档案，收集资料，寻访老同志，联系钢铁企业情报部门相关人员，经过多稿整理完成此书。全书共分 5 章，从"钢铁情报机构缘起与历程回眸"到"情报信息与大国钢铁实践同行"，从"情报信息前瞻性促进钢铁创新"到"'互联网+'助力钢铁高质量发展"，最后是"情报信息领航钢铁扬帆新征程"，跨越 60 载。本书可以使已退休的钢铁情报人回望过去，使当下的钢铁情报人踔厉奋发再续辉煌。

　　特别感谢中国钢铁工业协会、宝武集团中央研究院、首钢技术研究院、鞍钢集团钢铁研究院、攀钢集团研究院有限公司在本书编撰过程中给予的支持。

由于时间所限，还有一些组织变革、历史事件、精彩故事未能写入书中，不当之处，热忱期待业内外人士点评纠正，恳切希望广大读者提出宝贵意见。

冶金工业信息标准研究院
党委书记、院长　　张龙强

# 目　　录

# 1  钢铁情报机构缘起与历程回眸

一个国家的工业发展、科技进步离不开情报信息的支撑。我国情报信息工作和情报信息事业起步于 20 世纪 50 年代中期。1958 年 5 月 28 日，国务院批准了由国务院科学规划委员会和国家技术委员会提出的《关于开展科学技术情报工作的方案》，方案明确了我国情报信息工作的任务。同年 11 月，两委召开了第一次全国科技情报工作会议，会议提出情报信息工作必须根据社会主义建设的总路线和相关政策，"广、快、精、准"地提供情报信息资料，为生产建设和科学研究工作服务。我国钢铁行业情报工作在国家政策的指导下，立足行业发展，把握时代脉搏，顺应时代趋势而渐生渐长。

我国钢铁工业起步较晚，新中国成立时，基础十分薄弱，工业企业设备简陋、技术落后，只能生产少量粗加工产品，当时粗钢产量只有 15.8 万吨。经过 70 余年的发展，特别是改革开放以来，引进国外先进技术、自主创新，工艺技术不断升级，我国钢铁工业成功实现了由小到大、由弱到强的历史大跨越。在此过程中，情报信息发挥了重要作用。如 20 世纪 60 年代末，国外氧气转炉已经开始发展，并有逐步替代平炉的趋势，依据相关情报得到的技术线索，我国组织人员开始自主创新研发，1964 年第一台氧气转炉在首钢建成，推动了我国转炉炼钢的发展。

## 1.1　冶金工业部情报信息机构

　　钢铁情报工作经历了 20 世纪 60 年代初的探索、准备阶段后，1963 年冶金工业部科学技术情报产品标准研究所（以下简称"冶金工业部情报所"）成立，标志着钢铁工业情报信息工作正式启航。

　　1963 年 3 月 26 日，冶金工业部为加强冶金产品标准化和技术情报研究工作，同意成立冶金工业部科学技术情报产品标准研究所，特下发《成立冶金工业部科学技术情报产品标准研究所的通知》（（63）冶人字第 1969 号），地点设在北京市东城区毗邻王府井金街的灯市口大街，服务于钢铁和有色两大领域的情报信息机构正式成立。

　　冶金工业部对刚刚成立的情报信息机构非常重视，为保证新组建机构的平稳运行，1963 年 3 月指定了新机构筹备工作负责人，同年 11 月任命了所领导班子成员。在冶金工业部的关怀和指导下，新机构迅速开展工作。1963 年 6 月 20 日，冶金工业部情报所组织情报人员联合钢铁企业共同编写《钢铁工业标准化》一书；同年主办并创刊《冶金参考消息》和《冶金产品标准化简报》。1963 年 12 月，该所开始筹备 1964 年召开的冶金系统"科技情报工作会议"，并向冶金工业部直属机关、企事业单位、各省市冶金厅发出情报工作调查函；同月，向冶金工业部所属单位下发通知，征询 1964 年度各工矿企业生产、科研需要计划研究的情报专题题目。冶金工业部情报所成立伊始即开始统筹冶金行业情报信息工作，并逐步建立和完善情报工作模式和机制。

1964 年 1 月，冶金工业部情报所组织协调出版冶金系统 6 个领域的文摘、10 种国外译丛，为我国政府、冶金企业能够全面、及时、准确地了解国外科技发展新水平、新动向，尽快吸收国外先进生产技术，提高企业的科研、生产能力作出了贡献。

1964 年 4 月，全国冶金系统"第一次科技情报工作会议"在北京成功召开，冶金工业部领导出席了会议，会上讨论了情报工作的方向，总结交流了工作经验。1965 年 4 月，在北京市召开"第二次科技情报工作会议"，冶金工业部王玉清副部长在会上做了工作报告。会上冶金工业部做出"关于加强冶金科技情报工作的决定"，成立了 11 个专业情报中心和 17 个专业情报网。

到 1970 年，冶金工业部情报所经过 7 年发展，情报信息工作不断加强，组织机构逐步壮大，同年，"冶金工业部科技情报产品标准研究所"更名为"冶金工业部情报标准研究所"。1979 年，冶金工业部决定，将冶金工业部情报标准研究所分开，组建冶金工业部情报研究总所和冶金工业部标准化研究所。

20 世纪 80—90 年代，我国全行业的情报信息工作经历了改革开放后市场经济巨大浪潮的冲击。在计划经济时期，我国情报信息机构完全由国家创建、投资、规划，从中央到地方不同层级情报机构沿用的是统一的管理机制，采用的是同样的工作方式，面对市场经济，情报机构较难适应时代需要，很多机构都面临政府拨款不增加但支出成本增加、机构自身经营效益低、大量人才流失等问题。

1988 年，冶金工业部情报所实行以"两保一挂"为主要内容的目标责任制承包改革。根据冶金工业部印发《科研单位院所长任期责任目标承包书内容及考核办法》，单位领导签订了 1988—1990 年任期目标责任承包合同书，下属业务部门的领导进行了公开竞聘上岗，制定《实行按处、室（科）核算的财务管理试行办法》《关于我所科技人员在外受聘业余兼职的管理办法》，上述工作标志着这所国家级的钢铁情报信息机构率先开始改革，接受市场的洗礼。

进入 20 世纪 90 年代，随着科技体制改革的深入，情报信息工作面临大冲击、大分化、大提高、大发展的形势。同时期，钢铁行业情报机构面对我国钢铁企业竞争环境正在发生的巨大变化，需要重新确立自身工作定位与发展重点。单一的科技情报研究已很难满足市场竞争要求，钢铁企业决策层及各职能部门对竞争对手、市场环境等方面的竞争性情报需求呈现出快速增长趋势。对企业情报需求的要求提高，竞争情报概念随之提出，这些变化推动我国钢铁情报部门从单一的科技情报工作向竞争情报、科技情报等综合情报研究转变。

计划经济向社会主义市场经济的转型为情报信息服务带来了前所未有的挑战和发展机遇。在此背景下，1992 年 9 月国家科学技术委员会（简称"国家科委"）决定将"科技情报"改为"科技信息"以适应改革和发展的需要。根据该精神，1992 年 11 月，冶金工业部下发《关于冶金工业部情报标准研究总所更名的批复》（（1992）冶人函字第 179 号），"冶金工业部情报标准研究总所"更名为"冶金工业部信息标准研究院"。

到 20 世纪 80 年代末、90 年代初，我国情报信息机构体系基本建成，大致可分为三个层次：第一层次是国家综合情报信

息机构与部级专业情报信息机构；第二层次是省级与地方专业
情报信息机构；第三层次是地市级的基层情报信息机构和企业
自身的情报信息机构。

## 1.2　地方性冶金情报信息机构

地方性冶金情报信息机构作为我国情报信息体系组成的第
二层次，为地方钢铁工业发展作出了重要贡献。我国大部分省
市没有组建独立的地方冶金情报信息机构，该类工作由省市级
综合情报信息机构完成，如原河北省科技情报所、原辽宁省科
技情报所等情报机构承担部分对地方钢铁企业的情报信息服务
工作。目前能查到的具有代表性的地方性冶金情报信息机构是
原四川省冶金情报标准研究所和原上海市冶金情报研究所。随
着地方经济社会发展，地方性冶金情报信息机构已发生了机构
变更与合并，有的业务和职能已并入中国科学技术协会（简称
"中国科协"）或企业继续发挥作用，本节仅介绍四川省和上海
市的冶金情报信息机构发展情况。

### 1.2.1　四川省冶金情报信息机构

1978 年，中共中央在人民大会堂召开全国科学大会，大会
提出要健全和加强我国的科学技术机构，组织好地区性和行业
性的信息情报网，通过各种途径，广泛收集国外情报信息资
料，加强情报信息的分析研究工作，尽快实现情报信息工作现
代化。随着钢铁工业在各个省市的发展，地方上服务钢铁行业
的情报信息机构应运而生，其中最具代表性的是原四川省冶金
情报标准研究所。

四川省冶金情报标准研究所成立于 1978 年 5 月，主要承担技术经济咨询、政策研究、文献阅览、技术培训、编辑出版《四川冶金》刊物等工作。为加强我国西南地区云南省、贵州省、四川省的情报信息工作对冶金工业的支撑力度，1981 年 7 月，冶金工业部发布《关于建立冶金工业部西南冶金情报中心的通知》，冶金工业部情报所在四川省冶金情报标准研究所内建立"冶金工业部情报研究总所西南分中心"（简称"冶金工业部西南冶金情报中心"），逐步形成具有地区特点的情报资料中心和检索中心，既为四川省服务，也为西南地区服务。在成立仪式上，冶金工业部情报所领导亲自颁发"冶金工业部西南冶金情报中心"牌匾。

经过 40 年的发展，四川省冶金情报标准研究所成为服务西部冶金行业和国内有一定影响力的冶金情报信息服务中心。2020 年，该机构并入新组建的四川省工业经济和信息化研究院，继续为我国钢铁行业的发展贡献力量。

## 1.2.2　上海市冶金情报信息机构

上海市是我国近代钢铁工业的发源地之一。清光绪十六年（1890 年），江南制造局从英国购进一座 3t 酸性炼钢平炉，上海钢铁工业由此诞生。新中国成立后，上海市对新中国成立前遗留下来的冶金企业进行裁并、改造，至 1958 年，逐步形成以上海第一钢铁厂、上海第三钢铁厂、上海第五钢铁厂为代表的一批大型钢铁厂。1978 年党的十一届三中全会后，上海钢铁工业进入新的发展时期，1978 年 12 月 23 日，上海宝山钢铁总厂正式动工兴建。

上海钢铁行业情报信息机构可追溯至 20 世纪 60 年代初成

立的上海冶金工业局科研处情报室。1960年，上海冶金局钢铁研究所成立，情报研究室是该所设立的七个研究室之一。上海冶金工业局科研处和上海冶金工业局钢铁研究所之所以成立情报研究室，主要是在当时的国际环境下，为了自力更生地研制开发钢铁产品及军工新材料，需要科技情报人员大量收集技术文献资料，编译出版专业技术文集，为产品研制提供信息支撑服务。上海冶金工业局科研处情报室是上海冶金情报研究所的前身。

1982年，上海冶金情报研究所成立，主要任务是根据上海冶金工业战略发展目标，针对钢铁生产原材料来源途径、老企业技术改造、产品开发、新技术新工艺新装备引进、国内外冶金市场动态与经营管理等进行专题情报研究，并组织冶金系统和上海经济区冶金情报网活动，开展纵横向交流协作。此后，上海市各主要钢厂纷纷成立了情报室，该所还负有对上海冶金系统情报工作进行业务指导和组织管理的职能，与26个企事业单位建立起冶金系统科技情报网络。

早期的上海钢铁行业信息部门主要以传统印刷的文献信息源为基础，对其进行翻译、加工和整理，尚未开展情报研究。20世纪60年代初，上海冶金局钢铁研究所编译出版了《磁性材料》《弹性合金》《高温合金》等40多种文集，《冶金科技参考消息》等70多辑译文集。上海冶金情报研究所编辑出版了《上海冶金情报》和内刊《国外钢铁工业期刊资料题录》。上述工作为上海钢铁行业产品研制提供了积极的信息支撑，同时提供一些"短平快"信息，起到领导的"参谋"和"耳目"作用。

## 1.3 钢铁企业的情报信息机构

我国钢铁企业的第一批情报部门组建始于 20 世纪 50 年代。1953 年，原冶金工业部钢铁研究总院图书馆成立，同时期我国一批钢铁企业为了管理和翻译外文资料需要，在企业内部设立了资料室或技术档案室，作为早期的情报科、室，以管理和翻译外国专家带来的文献资料为主要任务。

伴随着冶金工业部情报所在北京成立，全国各地的钢铁企业情报部门也正式组建、发展。这一阶段，根据钢铁企业关注的技术问题，情报部门将有计划地收集的专题外文资料翻译后汇编成集。

20 世纪 60 年代至 80 年代，国内主要钢铁企业（如鞍钢、攀钢等）均成立了科技情报团队，为重大科研和技改项目提供调研服务。宝钢在建设初期，构建了一支以翻译为工作重点的情报团队。由于这些企业情报部门的前身大多为资料室或技术档案室，资料管理的职能自然也得以继承。上海第一钢铁厂钢研所于 1983 年成立了情报室，负责国内外科技情报资料的搜集、翻译、编辑和图书资料管理工作；上海第五钢铁厂技术发展处也成立了情报室，工作面涉及全厂引进项目的口笔翻译、情报课题调研、信息提供、刊物出版、资料管理、计算机检索等。直到 20 世纪 80 年代中后期，资料管理和资料翻译仍是大多数钢铁企业情报信息部门的基本职能。

### 1.3.1 首钢情报信息机构

首钢技术研究院信息研究所（以下简称"首钢信息所"）

隶属首钢集团有限公司，成立于 1960 年，是以科技情报为核心，覆盖情报服务、科技信息服务与管理、学术交流管理三大领域的研究机构。

## 1.3.1.1 发展历程

1956 年 3 月，首钢前身石景山钢铁公司（简称"石钢"）建立了石钢科学技术图书馆。同年 12 月 22 日，国家出台《1956—1967 年科学技术发展远景规划》，其中第 57 项是科学技术情报的建立，1958—1965 年间，我国科技情报机构在全国陆续建立。在此背景下，1960 年，石钢钢铁研究所成立，内设技术情报室，编制 22 人，情报服务内容以翻译及摘录国内外技术文献为主，同时将石钢科学技术图书馆纳入情报室中，为专业科学研究及技术情报资料工作服务。1966 年，石钢更名为首都钢铁公司，石钢钢铁研究所改为首钢钢铁研究所，1992 年，首都钢铁公司更名为首钢总公司（简称"首钢"），尽管公司名称在更迭，钢铁研究所机构在不断变化，但技术情报室这个部门的设置及情报工作内容一直没变。

1978 年全国科学大会后，为落实全国科学大会精神，首钢在 3 月召开首钢科技大会。同年，反映首钢生产建设和科学技术发展成就的《首钢科技》创刊，编辑部设在技术情报室。以出版文摘简报为主的首钢科技情报服务一直延续到 20 世纪 90 年代中期。这段时期，首钢科技情报工作主要是及时全面地搜集、研究和报道国内外钢铁技术发展情况及成果，使领导和科技人员能够及时了解到这些信息。情报人员也主要以语言学专业为主，涉及英语、日语、俄语、德语、法语、阿拉伯语等多语种，信息的来源则以图书期刊等纸质文献为主。对科技情报的要求是广、快、深、准。

1996 年 3 月 13 日，首钢钢铁研究所更名为首钢总公司技术中心，出于对"情报"二字的敏感性，国家及地方的科技情报机构纷纷更名为科技信息机构，在这种大背景下，技术情报室也更名为科技信息研究所。随着互联网的兴起，情报信息工作紧跟技术趋势，1992 年，科技信息研究所开通联机检索业务，采购各类信息数据库 108 个；1997 年，在冶金工业部信息标准研究院（以下简称"信息标准院"）的帮助下开启了科技查新业务，当年完成了 13 项部市级成果查新，成为钢铁企业中最早提供互联网检索及查询服务的机构之一。

2001 年 1 月 1 日，首钢总公司技术中心更名为首钢技术研究院，科技信息研究所去掉了"科技"两个字，更名为信息研究所，该名称一直延续至今，情报业务从文献服务向科技情报分析研究和战略情报研究转变。

### 1.3.1.2 主要成绩

2002 年，首钢信息研究所与冶金工业信息标准研究院开展行业情报调研合作。2003 年，双方合作的"钢铁工业环境保护研究"获冶金科学技术奖二等奖。在此期间，首钢信息所开始建设钢铁信息数据库，引进竞争情报理念，搭建了竞争情报系统。2004 年，"首钢竞争情报系统"项目交付使用。2006 年，"首钢竞争情报系统及企业竞争力分析应用研究"获冶金科学技术奖三等奖。

首钢信息所聚焦提升情报精准服务能力，持续开展钢铁关键核心技术、共性技术、前沿技术、革命性技术的跟踪研究，打造企业技术优势。近两年紧密围绕钢铁产业"双碳"目标，梳理国内外先进钢铁企业低碳战略及技术路线，支撑了首钢低碳生产技术路径的制定，引导了研发方向及研发课题的布局；持续开展技术专利分析，了解先进企业研发方向及研发趋势，帮助科研人员判断新的技术领域，并结合技术生命周期确定研发方向，为增强首钢技术创新力及深化合作提供支撑。

## 1.3.2 鞍钢情报信息机构

鞍钢科技信息研究所为鞍钢集团钢铁研究院下设的从事冶金情报研究的专业科技信息研究机构，主要为鞍钢公司决策及技术创新和生产改造提供信息情报服务。

### 1.3.2.1 发展历程

鞍钢科技信息研究所前身是 1963 年 11 月原鞍钢钢铁研究所成立的科技情报研究室。1978 年，以钢铁研究所科技情报研究室为基础成立鞍钢科学技术馆，之后更名为鞍钢情报研究所。1996 年，鞍钢情报研究所与原鞍钢钢铁研究所共同组建了鞍钢技术中心，成立鞍钢技术中心信息研究所，后更名为鞍钢集团钢铁研究院/技术中心科技信息研究所。

1986 年，鞍钢情报研究所全年共完成情报调研课题 24 项，创办《专利情报》内刊。1987 年，鞍钢情报研究所开始将工作重点转移到为公司决策提供信息支持和重大项目前期调研上，按生产工艺流程建立情报研究科室，创办了专供领导参考的《情报快讯》。

1990 年，鞍钢情报研究所对情报研究工作进行调整，情报研究人员参加到公司成立的科技攻关队中，结合实际为其提供各种有价值的情报资料。同时开始实行下厂定点服务制度，在各主体厂均设有服务点，送资料和图书下厂。主要业务部门有冶炼研究室、轧钢研究室、综合信息研究室、《鞍钢技术》编辑部、《国外钢铁》编辑部、专利事务所（后变更为专利事务室）、鞍钢技术图书馆。情报调研工作主要是为鞍钢领导和部门的决策、生产经营、改造和科研以及规划、设计服务，调研项目以公司计划立项为主，分为战略课题和战术课题两大类研究课题。

2008 年，鞍钢情报调研工作进入了一个新发展阶段。情报工作以公司领导与部门的决策和科技创新为主，兼顾生产现场的生产经营、改造等需求，主要以《领导参考》、国内外重点钢铁公司跟踪和公司信息课题研究形式满足用户需求，并为鞍钢的重大决策和技术创新提供了良好的借鉴和系统的情报服务支撑。

### 1.3.2.2　主要成绩

多年来，鞍钢科技信息研究所收集世界钢铁工业发达国家有关钢铁生产技术发展现状、动态、方向等方面科技文献，在对国内外钢铁生产技术、装备、材料进行分析、对比、归纳、研究的基础上，撰写、编译大量有关炼铁、炼钢、轧钢等专业技术方面的研究报告，充分发挥尖兵、耳目、参谋的作用，多次受到公司主要领导的批示表扬，得到管理部门、研发人员和现场技术人员的广泛认可。据不完全统计，情报研究共获得省科技情报成果奖一等奖 3 项、省科技情报成果奖二等奖 2 项、冶金工业部科技进步奖二等奖 1 项和多项鞍钢科技进步（情报）奖。

### 1.3.3　攀钢情报信息机构

技术发展研究中心是攀钢集团有限公司的情报信息机构，

隶属于鞍钢集团钒钛（钢铁）研究院、攀钢集团研究院（两块牌子一套人员）。

### 1.3.3.1 发展历程

技术发展研究中心自成立至今，曾经历 5 次变革：1985 年 2 月，攀钢钢研所组建成立情报室；1987 年 2 月，攀枝花钢铁研究院与攀钢钢研所合并，两机构情报人员合并成立攀钢研究院情报室；1992 年 10 月，随着攀钢研究院实施机构改革，组建科技信息中心；2013 年 9 月，在研究院科研机构改革中，转型升级为信息研究所；2019 年，攀钢集团将企业战略发展研究任务也下放到攀钢研究院，成立技术发展研究中心。

### 1.3.3.2 情报研究特点

技术发展研究中心的发展目标定位为：围绕攀西钒钛资源绿色高值化综合利用，以产业技术发展趋势研究、企业战略和主要竞争对手情报研究、重大关键技术的情报研究、知识产权战略分析、大数据应用和以数字研究院建设为核心的数字信息技术研究、网络技术开发为重点，持续提升技术发展研究的层次、能力和水平，努力建成企业软科学研究的"卓越智库"。

技术发展研究中心由战略情报分中心、信息技术分中心和编辑部三个部门组成。战略情报分中心致力于开展前沿技术情报研究、企业发展研究、竞争情报获取、钒钛磁铁矿资源综合利用技术、钒钛钢铁产品和新材料等重大技术跟踪和研究分析；编辑出版《信息世界》《钒钛快讯》《发展研究信息简报》等情报信息产品；提供科技查新等技术服务。信息技术分中心主要围绕企业信息化建设的体系结构、实施及其运维管理，运用计算机科学与技术学的理论与方法，致力于解决计算机软件开发、计算机应用技术、网络与数据安全技术、人工智能技术及无线网络应用技术、移动终端 App 应用技术等其他新兴数字技术问题。编辑部承办《钢铁钒钛》《攀钢技术》《攀钢经济管理》三个期刊。

### 1.3.4 宝钢情报信息机构

宝钢情报中心是中国宝武钢铁集团的情报信息机构，隶属于宝钢股份中央研究院。

#### 1.3.4.1 发展历程

1988 年 10 月 19 日，宝钢在原技术部中心试验室的基础上组建了宝钢钢铁研究所，技术处情报室改称钢铁研究所情报室。1993 年 4 月，宝钢成立科技信息中心。期刊编辑包括《宝钢技术》《世界钢铁》《科技信息》三个刊物的编辑出版工作；信息研究服务包括信息研究、"周末科技讲座"和科技信息网工作。1995 年底，建立科技信息研究所。2003 年 3 月，研究院科技信息研究所更名为研究院情报研究所。

2005 年 3 月，宝钢研究院情报研究所更名为研究院情报中心（以下简称"情报中心"），增加了情报管理职能，标志着情报中心开始履行公司情报工作的归口管理，情报工作总体规划的编制，情报体系的策划、组织以及情报业务的管理和运作等职能。2005 年 7 月，科技部档案管理室并入情报中心，并扩大了档案管理范围和种类。2008 年，宝钢不锈钢分公司中的情报研究和档案业务划归情报中心。

2004—2009 年，宝钢情报中心依据宝钢的主要钢铁产品进行专题性分工与研究，如设有专职情报人员专项负责汽车板、电工钢、镀锡板等产品的跟踪，并侧重从产品的角度进行专题研究报告的撰写。此阶段，专职情报人员会通过产销研团队等方式参与到企业的技术相关工作运营中去，从中获取技术情报需求并进行支撑。这个阶段的工作侧重于支撑情报用户系统了解各种产品的全球主要竞争对手的研发、生产概况，做到知己知彼。该阶段的情报研究产品一部分来自用户的明确需求，也有很大一部分是技术情报研究团队根据企业发展状况自拟的专题。

2010 年至今，宝钢进入自主创新的新发展阶段。在该阶段，宝钢情报中心情报研究产品全部来自各领域团队的明确需求，技术情报研究团队一直在积极摸索、建立、完善支撑企业核心研发团队的技术情报研究支撑模式与方式方法。

## 1.3.4.2　情报研究特点

宝钢情报中心实现了从信息到情报的蜕变，情报中心的情报产品线十分丰富。从情报的加工深度看，既有"短平快"的情报推送产品系列，又有经过深度加工分析的情报研究报告和对标研究报告；从服务对象看，既有服务公司高层和中层领导的情报产品，又有服务科研人员和公司全员的情报产品；从服务周期看，既有日、周和月的情报推送产品系列，又有定期或不定期的情报研究报告和对标研究报告。

中国宝武成立后，宝钢情报中心的研究和服务领域得到进一步拓展，迎来了难得的发展机遇和契机。

一是中国宝武多元化发展战略为情报研究业务提供了新的契机。企业进入成熟期后，经营策略为巩固现有业务或寻求多元化发展。在经济不景气时，若企业现有业务的市场景气度较低，寻求多元化发展则成为企业的不二选择。中国宝武成立后，提出构建在钢铁生产、绿色发展、智能制造、服务转型、效益优异五方面的引领优势，打造以绿色精品智慧的钢铁产业为基础，新材料、现代贸易物流、工业服务、城市服务、产业金融等相关产业协同发展的格局，这为宝钢中央研究院情报中心的情报业务提供了新的契机。面对新的业务领域，情报中心积极介入，发挥竞争情报在企业业务发生转型时的独特作用。

二是中国宝武的成立为信息资源和情报产品的覆盖创造了便利条件。中国宝武成立后，企业规模不断扩大，异地公司日益增多，宝钢中央研究院情报中心可借机将情报服务平台和情报产品向集团各单位同步予以覆盖，着手建立信息资源共享机制，避免多头采购、重复采购、重复劳动现象的发生，最大限度地降低信息资源采购成本，实现信息资源利用价值的最大化，扩大情报中心的影响力。

## 1.4 冶金期刊创刊与出版贡献

科技创新离不开科技情报、科技论文的支持，期刊是科技情报、科技论文的主要载体，是科技发展水平的展示窗口，是科研人员进行科技信息交流的重要和有效途径。冶金行业期刊发展与情报信息机构的发展密不可分。

### 1.4.1 创刊历程

1963 年，《冶金参考消息》和《冶金产品标准化简报》创刊。1964 年，《冶金情报工作通讯》（现为《冶金信息导刊》）

创刊。1965 年，《冶金新技术动态》创刊。1967 年，《中国冶金文摘》以内刊形式创办；1986 年，《中国冶金文摘》获得正式 CN 刊号发行。1974 年，《国外冶金动态》创刊。1980 年，创办《冶金情报》。1988 年 10 月，《国外冶金动态》和《冶金科技报》合并后更名为《世界金属导报》。

随着钢铁工业发展，专业类刊物《烧结球团》《钢铁研究学报》《炼铁》《轧钢》《炼钢》分别于 1976 年、1981 年、1982 年、1984 年、1985 年创刊；《山西冶金》《河北冶金》《江西冶金》等省级刊物也分别于 1974 年、1979 年、1981 年创刊。

经过 60 年的发展，目前冶金及其相关领域的国内期刊共计 260 种，见附录。截至 2021 年 12 月，正常出版的期刊共计 249 种；文献语种为英文的期刊共计 18 种；周刊 1 种，旬刊 1 种，半月刊 5 种，月刊 88 种，双月刊 133 种，季刊 30 种，半年刊 2 种。

在冶金及其相关领域期刊中，有 4 种期刊在 1949 年即创刊，分别是《有色金属（冶炼部分）》《有色金属（矿山部分）》《有色金属（选矿部分）》《有色金属工程》。近几年也有新创立的期刊，如 2019 年创刊的《纳米材料科学（英文版）》和《钨科技（英文）》、2020 年创立的《智能矿山》等。

在冶金及其相关领域期刊中，大量期刊的创立年份集中在 1972—1995 年之间，共计新创期刊 191 种，占冶金及其相关领域期刊总数的 73%。在冶金及其相关领域期刊中，50% 的期刊在 1979 年以前创刊，80% 的期刊在 1989 年以前创刊，90% 的期刊在 1994 年以前创刊，这也是互联网兴起以前传统纸质科技情报载体最为辉煌的年代。

## 1.4.2　出版贡献

截至 2022 年 12 月，冶金及其相关领域期刊共计出版约 178.2 万篇文章，平均每种刊的出版量约为 6854 篇，有效促进了钢铁及相关领域科研人员之间的科技信息交流。出版文献量较多的期刊包括《金属加工（冷加工）》《中国金属通报》《热加工工艺》《世界有色金属》《煤矿机械》《煤炭技术》《金属加工（热加工）》《西部探矿工程》《矿山机械》《制造技术与机床》《材料导报》，出版文献量均在 2 万篇以上。

部分期刊文献出版量较少，其中少量期刊因为停刊、合并后不再出版，还有少量期刊因为创刊时间较晚，所以已出版的文献量偏少。对期刊出版文献量与期刊数量累积占比关系进行分析可知：80% 的期刊出版文献量在 10000 篇以下，文献出版量在平均值以下的期刊数量约占 65%。冶金及其相关领域期刊中，复合影响因子（2021 年统计）最高的为《煤炭学报》，其复合影响因子为 4.123，综合影响因子（2021 年统计）为 3.264。冶金及其相关领域全部期刊复合影响因子（2021 年统计）的平均值为 0.759，综合影响因子（2021 年统计）的平均值为 0.623。

我国冶金及其相关领域期刊的国际影响力正以较快的速度逐年稳步上升。总的来看，冶金及其相关领域期刊种类较多，出版的文献数量较为可观，并且有一批期刊的影响因子较高，期刊影响力较大，冶金及其相关领域期刊的发展对有效传播科技创新成果、持续推进科技进程，以及稳步提升我国国际影响力发挥着重要作用。冶金及其相关领域国内期刊清单见附录。

## 1.5 新世纪情报信息的新阶段

### 1.5.1 国家科技信息资源保障新体系

进入 21 世纪，随着我国工业化、城镇化的快速发展，以及互联网技术的快速兴起，我国情报信息工作进入全球化、数字化的新阶段。2000 年 6 月 12 日，经国务院批准，国家科技图书文献中心（National Science and Technology Library，NSTL）成立。初始创建单位为中国科学院文献情报中心、中国科学技术信息研究所、机械工业信息研究院、冶金工业信息标准研究院、中国化工信息中心、中国农业科学院农业信息研究所、中国医学科学院医学信息研究所，后续中国标准化研究院标准馆和中国计量科学研究院文献馆也加入国家科技文献中心大家庭。NSTL 以建立国家科技文献信息资源战略保障服务体系，面向全国提供公益、普惠科技文献信息服务为宗旨，经过近 20 年的建设，已逐步发展为国内最大的外文科技文献保障服务系统，积极开展面向创新主体的个性化、专业化和知识化服务，在推动我国科技创新工作中发挥了科技文献信息资源的保障作用。NSTL 拥有国内最大的外文科技文献实体馆藏，其订购的外文印本期刊占目前国内订购国外自然科学领域印本期刊总量的 73%，全球最著名出版社出版的自然科学类期刊，NSTL 基本收藏齐全。学科覆盖理、工、农、医四大领域，兼顾新兴学科、边缘学科、交叉学科，文献类型涉及期刊、会议录、科技报告、工具书、科技丛书、文集汇编、标准、专利等。

NSTL 的冶金分中心由冶金工业信息标准研究院承担建设，是全国冶金行业的科技文献资源中心，承担着我国冶金、矿业、工程材料领域国内外科技文献信息资源建设保障、宣传推广、组织加工、服务共享等重要任务。馆藏资源以国外期刊、会议录、科技报告、科技丛书、工具书、文集汇编为主，辅以百余种核心中文期刊，行业专利、标准，文献总量达49万余册（其中期刊41万余册、报纸约5万份、图书约3万册）、光盘近3000张；此外，还订购中外学术、行业数据库20余个，形成了冶金、矿业、工程材料三大领域兼顾技术与市场两方面的特色馆藏，加工集成后形成本地庞大数据库。

2017年5月，中国工程科技知识中心冶金专业知识服务系统正式上线，该系统搭建了一个覆盖冶金领域全流程的一站式深度搜索专业知识服务系统。该系统对矿业、冶金、材料领域多源异构数据资源按照冶金上下游工艺流程重新组织揭示。通过该系统的建立，对矿业、冶金、材料领域科技文献、工具事实型、数值型多源异构数据统一揭示，对领域知识进行了关联、深度挖掘及知识可视化呈现，实现了专业领域信息服务从传统浅层次资源服务到知识服务的跨越，并为中国工程院战略咨询项目提供主动推送服务。

## 1.5.2 国家冶金图书馆开创新天地

2021年底，经国家科技图书文献中心批复，冶金工业信息标准研究院作为国家科技图书文献中心冶金图书馆，对外简称"国家冶金图书馆"开展服务。国家冶金图书馆是国家科技图书文献中心工程技术领域的重要成员馆，以根据国家发展需要，科学、完整地收藏冶金领域的科技文献信息资源，运用先进技术手段加速文献信息的加工揭示，面向全国服务为建馆宗旨。

作为我国冶金行业最大的专业图书馆，钢铁情报是其特色资源。国家冶金图书馆服务用户主要涉及冶金与矿业的科研院所、高校及企业的师生、科研人员、市场人员与管理人员，馆藏资源学科涵盖冶金、矿业、工程材料三大领域，同时也部分涉及金属学与金属工艺（铸造、金属压力加工）、环境科学、安全科学（矿业、冶金工业废物处理与综合利用）等学科。钢铁冶金技术文献、有色金属冶金技术文献、钢铁及其产品市场信息、矿业资源技术与市场信息、稀有金属市场信息等是该馆的特色资源。其中，钢铁冶炼技术文献与钢铁及其产品市场文献是国家冶金图书馆最具特色的馆藏。

60 载情报积淀，伴随新中国成立后钢铁工业从零起步到建成钢铁强国的发展历程，钢铁情报信息工作也从无到有、由弱到强。钢铁人终于拥有了属于自己的图书馆——国家冶金图书馆。依托首屈一指的专业图书馆，钢铁行业情报信息从业人员正在进一步拓展情报信息的服务内涵，为中国钢铁工业推进产能置换、超低排放、极致能效三大工程，解决控产能扩张、促产业集中、保资源安全三大"痛点"，以绿色低碳和智能制造为主题，推进国际化进程提供全方位的情报信息支撑。

60 载辛勤耕耘，信息标准院以情报信息研究为特色，为政府部门提供数百份情报专项、研究报告和政策建议，情报信息产品服务上千家企业，为中国钢铁工业制定政策、产业布局、转型升级、科技创新、市场开拓、海外投资、品牌建设和竞争力提升作出了不可或缺的重要贡献。展望新时代，信息标准院情报研究团队、咨询团队将以更专业、更权威的情报、咨询成果为中国钢铁工业高质量发展保驾护航。

# 2 情报信息与大国钢铁实践同行

情报是继资金、人才、技术之后的企业第四大核心竞争力。回顾钢铁情报工作 60 年来的发展历程，我国冶金科技情报工作从无到有、从小到大，发展迅速、成果显著。我国钢铁行业情报研究工作方式从最初以外文资料翻译为主转向了技术情报与竞争情报并重，为我国钢铁企业的技术进步、产品升级、国际化进程等提供了有力支撑。可以说，在我国钢铁行业发展的不同阶段，情报信息都发挥了重要的支撑作用，为我国钢铁行业发展作出了不可或缺的重要贡献。

## 2.1 外文资料管理与翻译 (1960—1978 年)

### 2.1.1 钢铁工业艰难曲折发展

20 世纪 60 年代初至 70 年代末，我国钢铁行业处于"破坏-整顿"期，先后经历了"大跃进""大办钢铁""文化大革命""四人帮"等不同时期循环往复的"破坏-整顿"式的大起大落。

1961—1965 年，经过以"调整、巩固、充实、提高"八字方针为主线的国民经济调整，钢铁企业被破坏的管理秩序在整顿中逐步得到恢复。国营钢铁企业通过贯彻"工业七十条"的管理整顿，逐步医治了"大跃进""大办钢铁"留下的后遗症，企业运营走上正轨，出现了新面貌。

1964 年开始，我国掀起了"三线"建设高潮。在毛泽东主席的指示下，在中央和地方的推动下，建立起了包括攀钢、西宁特钢、南昌钢铁厂、苏州钢铁厂、石家庄钢铁厂、邢台钢铁厂、凌源钢铁厂、舞阳特厚板厂、莱芜钢铁厂等一大批大中小型钢铁企业。再加上苏联援建的八大钢铁项目和"三大五中十八小"工程两次建设高潮的开展，为新中国钢铁工业的崛起、壮大打下了重要的产业基础。但从 1966 年开始的"文化大革命"使钢铁企业的运营体系再次被瓦解，直到 1974 年 5 月，中央组织召开整顿钢铁企业座谈会，到 1975 年钢铁企业的管理和运营得到初步恢复。

但 1975 年底开始的"四人帮"运动，再次破坏了钢铁企业的生产秩序，1976 年粉碎"四人帮"后，一直到 1978 年的十一届三中全会，两年多时间内钢铁工业都处于调整和整顿期。可以说，在 60 年代初至 70 年代末这一阶段，我国钢铁行业是在艰难、曲折中发展的，既付出了沉重的代价，也取得了来之不易的成果。

## 2.1.2 情报工作以资料翻译为主

20 世纪 60 年代初到 70 年代末，我国钢铁行业的技术和设备绝大部分由国外引进，因此我国钢铁行业企业设立科技情报部门的初衷，几乎都是为了管理和翻译外文资料。作为资料翻译工作的进一步延伸，一些情报机构、事业单位还编辑出版了冶金文摘和冶金专业技术译丛等刊物，如《国外稀有金属》《国外金属矿选矿》《国外金属材料》《国外钢铁》《国外金属矿采矿》《国外耐火材料》。由于这些企事业单位情报部门的前身大多为资料室或技术档案室，资料管理的职能自然也得以继承。直到 20 世纪 80 年代中后期，资料管理和资料翻译仍是大多数情报部门的基本职能。

### 2.1.3 行业期刊与情报网陆续创立

1961 年 12 月，冶金工业部召开第一次科技情报工作会议，提出"国内外并举，尖端与一般并举，战术情报与战略情报并举，目前以国外为主"的情报工作方针。1963 年，冶金工业部情报所正式成立，作为冶金系统的情报中心，负责统一规划、组织、协调冶金工业部下属各企事业单位情报工作。

#### 2.1.3.1 冶金系统期刊创立

冶金工业部情报所自成立后陆续主办了钢铁行业《冶金参考消息》《冶金情报工作通讯》（月刊）和《冶金新技术动态》等多种期刊，极大地发挥了情报对行业发展的支撑作用。

1966—1976 年，冶金系统情报工作受到严重干扰，冶金工业部情报所的工作处于停顿状态，刊物被迫停办。1966 年以前，冶金工业部情报所负责编辑的公开国外情报刊物共有 20 种，对于引进国外新技术、促进冶金生产建设和科学研究事业的发展起到重要作用。

在"文化大革命"期间，冶金工业部情报所仍然坚持了每年选订书刊资料的工作，使情报源维持不断。1969 年底，曾努力促进整个冶金系统的情报工作恢复起来，但由于各单位情报工作受到干扰，有的取消了机构，有的国外书刊被查封，情报工作提不上日程，结果收效甚微。

直到 1972 年，一些国外冶金情报刊物才又陆续办起来。

当时，为了帮助抓生产的领导同志能够及时了解国外技术动向，冶金工业部情报所内部组织力量编写出版了《各国冶金概况》，特别是出版了《国外冶金工业概况》小册子，有实例、有分析，受到周恩来总理的表扬，批给政治局同志参阅。

随着"文化大革命"结束，冶金科技刊物和情报刊物陆续恢复编辑出版。1975—1976 年，由冶金工业部情报标准研究所主持，组织冶金系统 12 个情报单位参加国家重点项目——汉字信息处理—情报检索系统研制和《汉语主题词表》的编制工作，并为此特别成立了"研制汉字信息处理系统工程（简称'七四八工程'）情报检索办公室"。

1974 年 1 月，冶金工业部情报标准研究所创办了《国外冶金科技动态》小报，后改名为《国外冶金动态》。《国外冶金动态》是由外文资料翻译而来的国外冶金行业情报，外文资料涵盖俄文、德文、韩文、日文、西班牙文等，是 70 年代至 80 年代国内钢铁行业能获取的最权威、最专业的国外钢铁行业新闻和技术动态的参考资料。

1974 年，冶金工业部下发通知，由冶金工业部情报标准研究所负责《金属学报》的印刷、出版和发行工作。1975 年，该所创办了《冶金科技》小报，后改名为《冶金科技报》，在综合报道冶金科技动态和经验交流、推广宣传先进技术上起到较好的作用。

## 2.1.3.2 冶金情报网建设

1965 年 4 月，冶金工业部在北京市召开"第二次科技情报工作会议"，做出"关于加强冶金科技情报工作的决定"，同时印发了《冶金专业情报网的组织办法》，决定建立 17 个专业情报网，每个专业网设立中心，负责与冶金工业部情报所和本专业网内成员联系，冶金工业部情报所为全国冶金情报中心，负责协调和平衡全国冶金情报计划，组织交流经验与资料，组成全国冶金系统情报网。钢铁情报网就是这 17 个专业情报网之一，情报中心单位以黑色冶金设计总院为主，鞍钢、重庆黑色冶金设计院为辅。

1965 年，冶金工业部召开了第一次冶金情报工作会议，会议的主要任务是进一步贯彻冶金工业部第二次科技情报工作会议精神，广泛组织冶金系统情报工作，以适应当时行业形势发展的需要。

到 1966 年 9 月，冶金系统已建立 11 个专业情报中心和 17 个专业情报网，冶金情报体系开始初步形成，为冶金情报工作发展打下良好基础。

"文化大革命"开始后，冶金情报业务受挫，刊物停办，部分情报人员在逆境下坚持工作。1973 年起，专业情报网按照专业对口、小型多样的要求陆续重新组建。1973 年 4 月，冶金工业部召开"科技工作会议"。根据会议精神，先后恢复了"文化大革命"前的 17 个情报网。同年，冶金工业部科技情报产品标准研究所更名为冶金工业部情报标准研究所，并与省市冶金局陆续建立了一批专业情报网和省市冶金情报网。特别是在 1975 年和 1976 年，冶金系统情报网加快筹建，建设了包括铁合金、冶金耐火材料、有色金属矿山、轻金属、环境保护与综合利用、稀有金属、冶金设备、特殊钢、黄金、金属制品、炼钢等在内的多个冶金科技情报网。情报网按照重点突破、专业对口，活动于现场、服务到基层的原则开展技术交流活动，起到了很好的作用，在当时技术信息闭塞的情况下，受到了科技人员的热烈欢迎。

1977年6月，冶金工业部情报标准研究所制定的《冶金科技情报网组织管理试行办法》正式发布实施。冶金科技情报网分专业网和地区网两类，分别在冶金工业部和各省（自治区、直辖市）冶金局领导下开展活动。冶金工业部情报标准研究所负责整个冶金科技情报网的组织协调、规划拟定、经验交流和业务指导。各省（自治区、直辖市）冶金局科技部门或指定的主管部门，负责本地区情报网（站）的组织协调、规划拟定、经验交流和业务指导。

冶金工业部情报标准研究所每年都组织召开冶金技术情报网工作座谈会进行经验交流。1974年召开的冶金技术情报网正副组长座谈会提出的情报工作方针之一就是：情报工作要坚持"洋为中用"的方针，针对国内需要有批判地提供国外科技资料。此后，"洋为中用"的指导思想在很长一段时间都是我国钢铁行业情报工作的依据。

为了从资金方面支持冶金情报网的工作，1975年10月下旬，冶金工业部在北京召开情报网工作座谈会后，发出《关于批转〈健全和发展冶金科技情报网的几点意见〉的通知》，通知提出"情报网活动经费，经常性的业务费由企事业单位开支，各网活动所需较大费用，由拨给部情报所掌握的专款中给予补贴"，这使当时闭塞了的国内外情报渠道又得以流通，对领导干部和科技人员起到了雪中送炭的作用，颇受欢迎。

## 2.1.3.3 其他工作开展

1975年，冶金工业部情报标准研究所组建了电影室，开始了电影拍摄服务。1976 年 5 月，冶金工业部情报标准研究所正式组建了冶金科技电影组，使科技电影成为推动冶金科技现代化的重要手段。

20 世纪 70 年代以来，随着我国对外交往活动增多，参加国际学术会议、国际冶金展览、国际技术交流的频率明显提高，这些活动也成为获取国外钢铁行业前沿技术、最新产业动态的良好途径。

## 2.2 情报跟踪与定题服务 (1978—1992 年)

### 2.2.1 钢铁工业引进国外技术

从 1978 年党的十一届三中全会到 1992 年党的十四次全国代表大会，是我国实施改革开放的初期。这一阶段，我国通过引进国外先进钢铁生产技术，新建了宝钢和天津无缝钢管厂，钢铁工业的发展主要是以生产建设为中心，以大力开展现有企业技术改造的内涵扩大再生产为主线，旨在解决钢铁产品长期短缺这一基本矛盾，努力满足国民经济发展需求。在抓现有钢铁企业技术改造，走以内涵扩大再生产为主的路程上，先后推进了三大步。

第一大步是 1984—1987 年。1984 年 12 月，冶金工业部提出钢铁工业要"立足现有企业，走挖潜、改造、配套、扩建"的路子。挖潜就是加强管理，厉行节约，反对浪费，挖浮财；改造就是改造落后工艺装备，要小修小改，中修中改，大修大改，逢修必改；配套就是有铁无钢的配钢，有钢无铁的配铁，有铁有钢无材的配材；扩建就是铁多钢少、钢多铁少、铁钢多材少而又有条件的企业，分别扩建钢、铁、材的生产能力。当时把这叫作"四个层次"的发展方针。

第二大步是1987—1991年。1987年，冶金工业部提出，钢铁工业的发展，要解决发展速度（数量）、品种结构、产品质量都不适应国民经济和国防军工需要的"三个不适应"问题。为此，在1987—1991年的五年内，围绕着解决产品数量、品种结构、产品质量三个不适应问题，开展了老企业大规模、高起点的技术改造。

第三大步是1992—1994年。1992年，冶金工业部提出，在20世纪90年代中国钢铁工业要上"四个新台阶"，即上现代化水平的新台阶，上品种质量水平的新台阶，上集约化经营和规模经济的新台阶，上综合经济效益水平的新台阶。为了上"四个新台阶"，采取了一系列新举措，主要是：加速钢铁企业经营机制的转换，进一步增强大中型钢铁企业的活力；把品种、质量作为钢铁工业发展的战略重点和首要任务；高起点加速现有钢铁企业的技术改造；大力推进现有钢铁企业的联合改组和优化组合，逐步实现规模经营；进一步扩大对外开放，充分利用国内外两种资源、两种资金、两个市场等。

此外，在1978—1992年这一阶段，随着政府对私人经营钢铁产业解禁，私人轧钢厂逐步开始建立，一些个体户纷纷经营钢材贸易，为日后租赁、承包、买断国有或乡镇集体小型钢铁企业进行资本的原始积累，成为后来民营钢铁企业兴起的前兆。

## 2.2.2　情报工作由翻译转向服务

自1978年党的十一届三中全会以来，党的工作重点转移到以经济建设为中心的轨道上来，实行改革、开放、搞活的方针，冶金情报工作出现了多方向发展的新局面。

改革开放之初，由于国内钢铁企业的技术水平与国外先进钢铁企业的差距很大，为了全面、及时、准确地反映国外科技发展的新水平、新动向，尽快吸收从国外引进的先进生产技术以及提高企业的科研、仿制和生产的能力，我国钢铁行业广泛开展了以文献报道为主要形式的技术情报跟踪工作。

在这一阶段，定题服务是情报部门为生产及技术部门提供的主要情报服务形式。根据企业所关注的技术问题，情报部门有计划地收集专题外文资料翻译后汇编成集，但很少进行浓缩加工或归纳综述处理。尽管定题服务有时也被称为情报调研或情报课题，但从本质上来讲仍然是一种资料翻译服务。与情报工作初期的资料翻译不同的是，此时的翻译工作更具主动性和针对性，已表现出了情报服务的一些特征。

## 2.2.3  情报工作多方向发展

### 2.2.3.1  情报网的调整与进展

1980 年 11 月，冶金工业部在北京首钢召开了全国第二次冶金情报工作会议，由于"文化大革命"的影响，距离 1965 年召开的第一次冶金情报工作会议已过去 15 年之久。此次会议由冶金工业部情报研究总所主持，会议根据国民经济"调整、改革、整顿、提高"方针，讨论了协调 2~3 年内重大情报调研专题、资料检索系统建立、资料合理布局等问题，并讨论通过了《关于冶金科技情报工作若干问题的暂行规定》，明确冶金工业部情报研究总所是冶金科技情报中心，同时也是冶金工业部管理冶金系统情报工作的职能机构。此外，此次会议还提出了情报网要避免重复，要不断整顿、提高。因此，为了避免地方钢铁企业情报网与专业情报网和各省（区）情报网有重复，1980 年 12 月，冶金工业部发布了《关于撤销冶金工业部地方钢铁企业情报网的通知》，原参加冶金工业部地方钢铁企业情报网的各单位，根据自愿原则，可参加到冶金工业部各专业网中去。

总体来看，从 1978 年到 1992 年，冶金系统情报网活动从一般的情报交流会向现场技术展示、技术交易会、情报信息发布、技术转让、专家会诊等方向发展，开始进行多种形式的咨询服务，产生了较好的经济效果。

## 2.2.3.2  冶金情报成果奖励

为了表彰取得优秀情报成果的人员，宣传情报工作的重要性，在 1980 年 11 月召开的全国第二次冶金情报工作会议上还选出了 101 项冶金情报调研成果和服务效果等项目予以奖励，并分为一、二、三等奖，分别给予 150 元、100 元、50 元奖励。继首次颁发冶金情报成果奖励后，为了充分调动冶金情报人员的积极性和创造性，冶金工业部情报标准研究总所于 1982 年 5 月发布《冶金情报成果管理试行办法》，明确了情报成果的范围、形式、评定标准等。1986 年 9 月，冶金工业部印发《关于颁发 1985 年度冶金工业部（情报、标准类）科技进步奖的通知》，共 19 项情报成果获奖，情报成果第一次纳入冶金工业部科技进步奖范畴，到 1992 年，共有 59 项情报成果获冶金工业部科技进步奖。

### 2.2.3.3　调研报告和情报期刊的出版

1978 年以来，为了更好地服务于国民经济发展，我国冶金系统情报调研工作进入了系统调研和有针对性的战略性调研。例如，1978 年和 1979 年，冶金工业部情报标准研究总所组织了冶金系统 45 个单位的情报力量，编写了一套《美国冶金工业基本情况》，100 多万字，此项成果获得冶金工业部科学技术进步奖三等奖。

1979 年下半年到 1980 年上半年，配合贯彻"调整、整顿、改革、提高"方针，编写了一套专题报告，包括《我国钢铁工业投资应占多大比例》《钢铁工业降低能耗大有可为》《特钢厂应走专业化道路》等专题，向中央有关部门汇报后受到好评，该套专题获冶金工业部科学技术进步奖三等奖。此外，该所编写的《日本钢铁工业的高速度发展和资金使用》受到中央有关部门的肯定，并印发中央首长参阅。

1980 年，冶金工业部情报标准研究所创办《冶金情报》月刊，主要报道情报调研成果，后于 1982 年停刊，其中有关情报调研、专题报告类文章合并于《冶金参考》旬刊，作为内部刊物发行，供领导参阅；1982 年，《冶金科技》复刊，作为冶金系统国内科技动态和经验交流刊物；1986 年 7 月，经国家科委批准，《中国冶金文摘》成为正式期刊，公开发行。

1988 年 10 月，经国家新闻出版署批准，冶金工业部情报标准研究所主办的《国外冶金动态》和《冶金科技报》合并，更名为《世界金属导报》，并特别邀请当时的中国书法家协会副主席赵朴初为《世界金属导报》题写报名，题目原件如图 2-1 所示。

世界金属导报

图 2-1　赵朴初先生为《世界金属导报》题名的原件

回顾发展历程，《世界金属导报》经历了从简报《国外冶金动态》，发展到内刊《国外冶金动态》和《国内冶金动态》，再发展到正刊《世界金属导报》的变革发展历程。更名、改版不是简单地改变，它是从思想到内容、从形式到服务方向的一次次创新过程，是为谋求更大的发展。《世界金属导报》秉承"信息创造价值"的理念，以国际化角度，透视钢铁工业发展脉络，以创新思维传播钢铁工业前沿技术。

自此，《世界金属导报》和《中国冶金报》成为中国钢铁工业最权威的两大行业报。《中国冶金报》创刊于 1956 年 7 月，报名由周恩来总理亲笔题写，曾经是原冶金工业部党组机关报。

### 2.2.3.4　情报的自动化

为了扭转长期对外情报闭塞的局面，冶金工业部于 1979 年 2 月印发《关于加强收集和充分利用国外冶金情报资料的通知》。与此同时，计算机情报检索也成为我国 20 世纪 80 年代开始兴起的新领域。

1980 年 4 月起，国务院所属的 9 个部委（冶金、建工、铁道、一机、交通、煤炭、地质、石油、化工）联合在中国香港安装了一台 DTC-382 型国际联机情报检索终端机。通过中国香港大东电报局，连接国际通信卫星网络与美国洛克希德公司的 DIALOG 情报检索系统和美国系统发展公司的 ORBIT 情报检索系统的电子计算机联机，检索美国这两个情报检索系统数据库的科技情报资料。经过 1 年多的试验，先后为在京院所检索了 43 个课题。

在当时的背景下，开展国际联机情报检索是非常必要的，一是因为国内资料不全，二是国内检索手段落后，手检系统尚在建设阶段，科技人员往往要花工作时间的三分之一来查找文献，而且还找不全。国际联机情报检索是一项电子计算机科学、卫星通信技术、科技情报三结合的现代化情报检索技术，可以大大节省查找文献的时间，大大提高国际情报信息的广度、深度和及时性。因此，冶金工业部情报研究总所于 1981年 7 月印发《关于开展国际联机情报检索服务的通知》，开始正式为各单位办理国际联机检索服务工作。

定题情报检索是计算机情报检索方式之一，也就是针对生产科研课题的需要，定期提供最新情报资料。根据冶金系统生产科研实际需要，在 1980 年选取世界冶金领域中最有权威的美国 METADEX 金属文献数据库作为情报源，为冶金科技工作者提供最新冶金科技信息。为了实现计算机检索 METADEX 金属文献数据库，在冶金工业部科技司支持下，于 1981 年 6 月，由北京钢铁学院（北京科技大学前身）计算中心、图书馆和冶金工业部情报研究总所合作，在 HITAC M-150 电子计算机上研制了金属文献定题检索系统。

1982 年，冶金工业部情报研究总所安装了终端计算机，并与北京钢铁学院的 M-150 型计算机联机，解决了该所的计算机检索设备问题。1985 年 9 月，该所开通了与 DIALOG、

ORBIT、ESA 三大数据库的国际联机检索。1988 年 8 月，该所从美国系统发展公司引进 CYBER 932-31 中型计算机，并于1990 年完成了中型计算机安装调试工作，自建的西文"金属文摘"数据库通过鉴定开始对外服务。

与此同时，不少冶金工业部直属科研院所和重点企业单位在用计算机进行文献管理、检索、编辑排版等研究和应用方面也取得重大进展，微机建库和服务取得了成绩。

除了计算机检索，情报的自动化手段其他方面还包括电影和音像情报的发展。例如，为了加强声像情报工作，加速情报传递，更好地为冶金工业现代化服务，1980 年 2 月，冶金工业部情报研究所成立了声像情报服务公司。此外，不少科研院所、大公司情报所相继购置了电影和录像摄放设备。1983 年12 月，冶金工业部情报标准研究总所声像情报服务公司完成了16mm 彩色安全教育片《冶金地下矿山安全》的拍摄工作，并将第一批拷贝向全国冶金、有色、煤炭、化工、核工业和部队系统的矿山及有关单位发行。

情报的自动化手段的另一方面就是机器翻译。1980 年 9月，在北京举行了全国第一次机器翻译学术交流会。从当时的背景看，为了建设"四化"，需要充分借鉴国外先进的科学技术新成就。当时的形势是，每一项工程或技术，都有数以吨计的外文资料限期翻译。我国能直接利用外语文献的科技人员为数不多，因此，克服语言障碍，发展机器翻译，实在是当务之急。

## 2.2.3.5 对外交流

在对外交流方面，冶金工业部于 1979 年 5 月和英国金属学会访华代表团就双方情报交流、人员培养等问题进行座谈；1980 年 1 月，冶金情报考察组赴英考察情报手段现代化和情报管理，并建立了广泛的情报交流关系；1983 年 8 月，邀请日本科技情报中心理事长一行访华，并就进一步扩大情报交流和交换取得了一致意见；1986 年 12 月，西德 STN 联机检索系统应邀访华，双方交流了情报检索自动化的有关问题；1990 年 10 月，英国金属学会情报服务部主任杰克逊应邀来华讲学；1990 年 12 月，情报总所赴英国考察了情报检索系统；1991 年 12 月，苏联黑色冶金技术情报经济研究所副所长应邀访华，双方在资料和人员交流等方面表达了合作的愿望；1992 年 9 月，情报总所组团考察了独联体的冶金情报工作。

1976 年 4 月，冶金工业部发文通知冶金工业部情报所以"中国金属学会图书馆"的名义对外开展科技资料交换工作。到 1992 年，已与包括美国、英国、德国、澳大利亚、瑞典、加拿大、巴西、南斯拉夫、马来西亚、赞比亚、挪威、墨西哥等在内的 34 个国家和地区的 400 多个机构建立了固定的资料交换关系，有的还建立了情报交流关系。

此外，始于 1986 年的国际冶金工业展览会开辟了冶金科技情报服务的新形式展览，尤其是国际展览，为国内各生产厂家提供推广技术、推销产品、扩大宣传的有利、便捷的渠道和场所，取得了较好的效果，受到各厂家的欢迎。

### 2.2.3.6　情报学会的创立

为了进一步提高冶金系统情报理论方法水平，经中国科协和中国金属学会批准，中国金属学会情报学术委员会于 1984 年 4 月正式成立，下设情报调研、文献管理、期刊编辑和情报业务管理四个分学术委员会。1984年11月，中国金属学会第一届情报学术年会在成都召开，会议认为，情报咨询是当时情报工作改革的一项重要内容。1985年4月，升级为中国金属学会情报学会。自此，冶金系统情报学术活动有组织地开展了起来。

1992年12月，为与中央各部委加强情报工作的横向联系和开展情报学术交流，使情报工作更好地为冶金行业的生产建设服务，经冶金工业部体制改革司和中国金属学会情报学会挂靠单位——冶金工业部信息标准研究院（由"冶金工业部情报标准研究总所"于1992年更名而来）同意，向中国科技情报学会申请获准，中国金属学会情报学会同时成为中国科技情报学会的二级分会，并于1993年5月在杭州召开第一届理事会。

### 2.2.3.7 钢铁企业建立情报机构

在当时的国际环境下，钢铁企业为了自力更生地研制开发钢铁产品，需要科技情报人员大量收集技术文献资料，为产品研制提供信息支撑服务，为此，各主要钢厂纷纷成立了情报室。

## 2.3 情报工作内涵逐步扩展（1992—2002年）

### 2.3.1 钢铁工业市场经济初探

从1992年党的十四大到2002年党的十六大，我国钢铁行业和企业生产、经营和管理都发生了深刻变化。行业和企业逐步适应社会主义市场经济的运行要求，逐步由规模扩张转向结构调整和优化，同时提高钢铁生产力水平。

1996—2000 年，全行业加大了淘汰落后工艺装备的力度，一大批小钢铁企业在市场竞争中被淘汰。淘汰落后的同时，也广泛地把世界钢铁生产先进适用的共性技术，嫁接到我国钢铁生产的现有工艺装备上，如高炉炼铁"精料技术"、高炉喷吹煤粉技术、氧气转炉顶底复合吹炼技术、氧气转炉溅渣护炉技术、炉外精炼技术、连铸技术、连铸坯热装热送技术、控轧控冷技术等，以提高生产率，改善产品质量，降低能源物料消耗，增强市场竞争力。

这一阶段，我国钢铁行业的另外一个变化就是钢铁产品由供小于求到供需平衡，发展到阶段性、结构性过剩，因此也开始了从数量增长向总量控制转变。在这一阶段的 1996 年，我国粗钢产量突破 1 亿吨，成为了世界第一大产钢国，也成为钢铁工业进一步发展的新起点。

此外，这一阶段的其他重大变化还有：为了适应推进社会主义市场经济体制的要求，1998 年 3 月撤销了冶金工业部，成立了由国家经贸委管理的国家冶金工业局，作为实施冶金行业管理的过渡性机构；随后又在 1999 年 1 月，成立了中国钢铁工业协会，开始了以市场为导向的行业协会自我、自律管理。

## 2.3.2　情报定位转向信息服务

1992 年 9 月，国家科委在北京召开了全国情报工作会议，会议提出科技情报这一术语改为科技信息比较确切，并提出将冶金工业部情报标准总所改为冶金工业部信息标准研究院。

另外，随着 20 世纪 90 年代初计算机技术的应用和 Dialog、STN 等国际联机数据库的开通，以及国内维普、万方、中国专利等光盘数据库普及应用，行业和企业情报部门开展信息服务已具有较好的基础条件，而信息服务产业化的发展思路则推动了情报部门向信息服务的定位再迈进一步，上至国家级的中国科技情报所，下至各企业的情报室、情报科、情报所将单位或部门名称中的"情报"变更为"信息"。

这一阶段最主要的特征是，以计算机检索为主要手段的文献检索服务和科技查新咨询服务开始纳入情报部门的工作内容。随着企业成为市场主体，情报内涵也逐步扩展，研究范围从相对单一的科技信息拓展到经济、管理、市场营销等领域，用于支持公司科研、生产、经营决策的专题调研活动广泛开展。

由于此阶段中的专题调研工作是基于文献分析的，且仍然以技术专题为主要方向，调研结果也大多为综述报告或资料汇编，分析研究的成分很少或深度不够，因此在决策支持方面的作用非常有限。

### 2.3.3 咨询服务与门户网站兴起

#### 2.3.3.1 情报相关会议精神的转变

为贯彻邓小平同志 1992 年南方谈话精神，冶金系统在1992 年集中召开了多个情报相关会议，旨在推动行业发展和科技进步。

1992 年 6 月，冶金工业部在北京市召开"科技期刊工作会议"，会议的中心议题是深入研究今后冶金科技期刊如何进一步发挥功能和作用，努力提高期刊的质量和水平，使之能为促进冶金工业发展和科技进步、增强冶金工业职工的科技意识和科技素质、促进科技的普及和发展、推动冶金工业迈上新台阶发挥更大的作用。

为贯彻1992年9月国家科委在北京召开的全国情报工作会议精神，1992年11月，由冶金工业部信息标准研究院在成都主持召开第二次大型钢铁企业信息工作座谈会，参加单位有武钢、包钢、唐钢、宝钢、本钢、鞍钢、邯钢、太钢、马钢、攀钢、重钢11家钢铁企业，旨在研究企业信息工作如何适应市场经济和转变机制，如何在市场经济的大潮中做好信息工作。

1992年11月，中国金属学会情报学会首届团体会员代表大会暨综合性学术讨论会在上海宝钢举行。由于是情报学会的首次全国性会议，故受到冶金工业部信息标准研究院和宝钢的高度重视。

### 2.3.3.2　钢铁企业情报机构的更名

1992年，"冶金工业部情报标准研究总所"更名为"冶金工业部信息标准研究院"。随着"情报"向"信息"的概念转化，钢铁企业的情报机构名称和职能也发生了相应的变化。

1993年4月，宝钢决定在钢铁研究所情报室的基础上组建钢铁研究所科技信息中心，下设图书文献组、期刊编辑组和信息研究服务组3个部门。科技信息中心既是宝钢科技信息的服务部门，又是科技信息的管理部门。1995年7月，宝钢技术中心正式成立。1995年底，宝钢总务部档案处与钢铁研究所科技信息中心合并，组建为科技信息研究所，以加强科技信息研究。1999年8月，宝钢组建研究院，科技信息研究所中的档案业务划归宝钢集团办公室，科技信息研究所中的信息研究室、科技图书馆组建为宝钢研究院科技信息研究所。此外，1992年

10 月，随着攀钢研究院实施机构改革，攀钢组建科技信息中心。

这些钢铁企业情报信息部门的组织机构虽几经变迁，名称和业务范围也几经变化，但其核心职能是国内外科技资料（期刊）的收集、提供、跟踪、研究，初步开展了竞争对手研究。

### 2.3.3.3　信息调研、咨询工作快速发展

随着经济的发展和技术进步，政府、行业和企业对钢铁情报的需求不再是简单的消息和数据，更需要系统性、连续性的专项领域的情报资源，有研究、有分析，且动态更新。为此，专项调研在情报工作中的重要性和需求越来越高。

为了更好地服务于政府和行业企业，1992 年 12 月，冶金工业部信息标准研究院将钢铁情报室、矿山情报室、地质情报室及经济价格研究室合并，成立信息调研部；将信息部与计算机室合并，成立信息开发部。自此开始了由情报服务向信息服务和专题调研服务的转型。

1994 年，冶金工业部信息标准研究院分别为全国冶金工作会议、冶金科技工作会议提供了《2000 年前世界钢铁工业发展趋势》《二十一世纪初世界钢铁生产技术展望》《国际标准化的现状与发展》等深度研究报告。

### 2.3.3.4　冶金信息网的建设

互联网于 20 世纪 70 年代在美国形成，并于 1992 年进入我国。互联网传输信息的时效性，加快了生产效率的提升，同时扩展了信息的内容，人们在互联网上自主选择自己需要的信息，扩展了人们获取信息的渠道。

随着第一代互联网（Web 1.0）的发展，1997 年，冶金工业部信息标准研究院建设了"冶金信息网"，成为冶金行业专业从事科技文献、产业信息、技术信息、市场信息数据库建设和服务的科技信息资源网站，编辑提供各类电子期刊、图书资料等专业信息产品。

为了更好地服务于行业和用户，"冶金信息网"在 2010 年和 2016 年、2021 年分别进行了三次升级。冶金信息网整合了冶金及其上下游领域的新闻资讯、中外文期刊、学位论文、会议论文、冶金专利、钢铁标准、政策法规等十多种类型文献数据共计 2757 多万条，文献数据最早可追溯自 1951 年。

冶金信息网数值型统计数据超过 3000 万条，最早可追溯自 1913 年。平台通过数据挖掘、文献计量、对象建模等技术，为用户提供高效检索、分面聚类、知识关联、研究趋势分析等服务。平台提供了在线阅读、全文下载、文献传递等多种全文获取途径，多数资源以周为单位进行持续性更新。

## 2.3.3.5  文献网络中心的成立

1999 年 1 月，冶金工业信息标准研究院将原数据网络部、文献馆和标准资料室整合为文献网络中心，承担国家科技图书文献中心（NSTL）冶金分中心工作，负责矿业、冶金、工程材料科技文献的采购、加工、服务等任务。

## 2.3.3.6  外文期刊的创办

为了让国外企业和机构更多地了解中国钢材市场，中国国际贸易促进委员会冶金行业分会于 1999 年开始发行英文电子双周刊《China Metallurgical Newsletter》（CMN），设置中国钢

材市场分析、原材料市场分析、行业新闻、宏观经济政策、最
新统计数据、原材料和产品价格报告等栏目。CMN 拥有很多国
外客户群，如浦项、达涅利、淡水河谷，成为这些国外企业最
初了解中国钢铁行业的重要资料来源。

### 2.3.3.7 行情资讯刊物及网站的创立

1995 年前后，我国正处于从计划经济到市场经济的过渡阶
段。钢铁流通曾是我国计划管理最为严格的领域，也是受经济
转轨冲击最大的领域，由于没有公开透明的供求信息作支撑，
因此被抛入了竞争日渐激烈的市场大潮中，整个领域出现混
乱。为了使钢铁流通业正本清源，1996 年初，北京兰格信息咨
询有限责任公司开始运营，成为国内第一批从事钢铁信息咨询
服务的专业机构。该公司成立后率先创办了刊登钢铁供需企业
真实信息的《供求与价格》纸质刊物，旨在建立一个公共透明
的信息渠道。2000 年以后，《供求与价格》更名为《兰格钢
铁》，至今依然在发行，并为满足客户不断扩大的信息需要，
面向全国，陆续推出了兰格钢铁北京、天津、华东、华中、西
南、西北等系列刊物。

1998 年，迎着互联网的热潮，"兰格钢铁网"作为我国首
个钢铁行业资讯类门户网站成立，实时发布钢铁成交价格及指
数、钢铁生产及市场运营等数据。在 2000 年 4 月 30 日，为进
一步改变钢铁行业信息不对称现象，"我的钢铁"网正式上线，
在创立之初制定了两大业务方向：一是商情的网络发布；二是
为市场提供第三方行情价格，提高市场的透明度。从此中国钢
铁市场开启了以自主数据采集为核心价值的数据订阅的
"B2B"商业模式。直到今天，该模式仍具有旺盛的生命力，

覆盖面已经拓展至黑色金属、有色金属、能源化工、建筑材料、农产品百条产业链，构建了 3000 多人的数据采集团队。"我的钢铁"网发布的基准价格和价格指数成为唯一成功进入国际铁矿石定价体系、国际钢铁衍生品市场的"中国价格"。

## 2.4　科技情报向竞争情报转型（2002—2012 年）

### 2.4.1　钢铁工业产需高速增长

这一阶段，在国民经济高速发展，工业化、城镇化等提供的广阔市场空间拉动下，我国钢铁生产力实现了空前的大发展，结束了长期依赖进口国外钢材来满足国民经济建设需求的状况，钢材消费由净进口转为净出口。钢铁科技进步取得突破性进展，与世界先进水平的差距明显缩小。

这一阶段，中国钢铁企业的并购重组加速，行业内出现了一批大型企业集团。此外，固定资产投资的强劲增长导致了钢铁产能、产量的爆发式扩张。同时，钢材品种结构不断改善，质量水平明显提升，基本满足了下游用钢行业发展的需要，不少高端钢材产品实现国产化，打破国外技术垄断。

这一阶段，钢铁科技进步取得突破性进展，从事钢铁生产和管理人员的素质明显提高；钢铁企业科研机构建设快速发展；产学研结合不断向广度、深度发展；发明专利明显增加；生产经验和操作技能明显提高。

这一阶段，我国钢铁企业在节能降耗的基础上，进一步树立起资源节约、环境友好的理念，兴起了循环经济的发展方式。

## 2.4.2 科技情报与竞争情报并重

这一阶段，钢铁企业科研机构建设快速发展。钢铁企业的研究院所和技术中心，分别以前沿性、基础性研究为重点，以新产品、新工艺研发为重点，在推动科技研发的同时兼顾科技管理，不断取得新成果，发明专利显著增加。

这一时期，以宝钢、首钢、武钢为代表的钢铁企业的科技情报部门先后明确提出了由科技情报向竞争情报转型的工作思路，并在实践中取得了一些初步的成效。这些钢铁企业的情报中心实现了科技情报与竞争情报的并重，主要工作包括：第一，研究国内外的竞争对手，研究内容包括生产经营、战略规划、知识产权等，并设置专人进行专利查新、专利预警分析研究等；第二，建立竞争对手基础数据库和对标数据库；第三，根据企业特色业务需求，开展研发产品市场跟踪调研、领域技术调研等情报专项课题研究。

此外，随着钢铁市场对行业资讯和技术的需求增长，推动行业报纸迅速扩版，行业网站拓展更新栏目，同时还催生了更多行业资讯门户网站的建设，为钢铁行业和企业发展提供了快捷、及时的信息通道。

## 2.4.3 竞争需求推动情报工作不断优化

### 2.4.3.1 企业由科技情报向竞争情报转型

在相当长的一段时期内，受经济制度和产业规模的影响，我国钢铁企业之间的竞争极不充分，企业的发展以技术为主导，决策层的情报需求主要集中在科技情报方面。当前的钢铁产业已高度成熟，技术领先并不足以保证企业处于竞争优势，其他企业的竞争力如何、外部环境如何以及本行业甚至上下游行业的发展前景如何都会对企业的发展产生重大的影响。因此，企业决策层的情报需求由科技情报进一步延伸至能更全面地反映企业外部环境的竞争情报领域。

在大部分钢铁企业中，科技情报部门作为主要的甚至是唯一的专职情报研究部门，已被决策层及相关职能部门视为当然的情报获取渠道，情报需求的改变就是对科技情报部门工作要求的改变，也必然要推动科技情报部门的科技情报研究向竞争情报研究转型。

首钢研究院信息研究所从2000年开始与中国航天信息中心合作开发竞争情报计算机系统。应用该系统后，情报人员按照竞争情报要求对信息进行搜集、整理、入库，进行情报分析时，可直接根据要求调入所需竞争信息，节省了大量的信息查询时间。情报人员根据所制定的竞争指标体系，应用该系统的分析模型，对竞争信息分别应用德尔菲专家调查法、模糊评判法、层次分析法、SWOT态势分析法等进行分析，由计算机完成分析过程中所涉及的所有运算，情报人员将所得的结果进行比较分析，为领导决策提供有力的支持。

为了更能体现情报的特征，宝钢信息机构更名为情报机构，初步开展了竞争对手研究，支撑了公司的发展战略。情报研究方向主要有两个：一个是竞争对手研究；另一个是技术情报研究。情报研究方法主要包括SWOT分析法、定标比超法、专利分析法和财务报表分析法四种。

宝钢从2005年开始分别构建了宝钢外部信息资源网和宝钢钢铁技术情报支撑系统两大竞争情报系统。2005年1月，宝钢研究院情报中心全面建成宝钢外部信息资源网。宝钢外部信息资源网是情报中心独立设计并组织实施的企业级信息资源管理和运作平台，也是公司实施竞争情报和知识管理的企业信息基础设施工程。宝钢外部信息资源网系统整合了宝钢各类外部信息资源，为公司技术创新工作提供业务与信息资源支撑。

宝钢情报中心从2008年开始进行宝钢钢铁技术情报支撑系统开发前期的调研和模块设计工作，2009年正式立项开发，该系统功能主要有文献信息检索、技术情报服务和情报信息共享三个模块。宝钢钢铁技术情报支撑系统是情报中心在其技术情报服务工作经验和利用宝钢外部信息资源网服务的基础上，针对技术情报诸多需求而自主开发的面向企业科研技术人员的专业技术情报支撑服务系统。

武钢技术中心科技信息所在2003年正式提出开展竞争情报研究。并创办了《竞争情报》内刊，以此为载体及时向公司领导层传递竞争情报信息，部分情报在公司经营决策中发挥了重要参考作用。2004年，开始着手开发竞争情报计算机系统和建设竞争对手数据库，2006年开始投入使用。2006年初，武钢对情报工作管理模式进行了全面调整，在制度上力求与竞争情报工作要求相适应。

此外，鞍钢、攀钢也都在这一时期建立了长期跟踪、系统分析的竞争情报工作机制，并分别在专利战略研究、竞争对手研究方面达到了较高水平。

### 2.4.3.2 行业期刊扩版与栏目优化

2006年1月，为了丰富报道的内容，满足读者对钢铁产业要闻及时了解和对掌握更多新技术的需求，冶金工业信息标准研究院主办的《世界金属导报》由原来的 16 版扩为 20 版。随后又在 2007 年 1 月由原来的 20 版扩为 24 版。快速的扩版也反映了当时钢铁行业正处于景气周期。2006 年，全球经济稳步增长，内需充足外需旺盛。同时，国家相继发布《关于加快推进产能过剩行业结构调整的通知》《关于钢铁工业控制总量淘汰落后加快结构调整的通知》等文件，对缓解前期累积的供需矛盾起到积极作用，同期铁矿石长协价上涨，成本上升和需求增长共同推动钢材价格上涨。2006—2007 年，我国经济增长超预期，钢铁行业效益大幅提升，产能规模保持快速增长。

2009 年 1 月，《世界金属导报》由 24 版扩为 32 版，并对报道大纲及栏目设置进行了重新规划，增设了"炼铁技术""炼钢技术""轧钢技术"等栏目。改扩版后的《世界金属导报》更具科技导向性、技术前瞻性。此次扩版依然是自 2009 年初我国钢铁行业摆脱金融危机影响再次进入上行通道而实施的。

2008 年 2 月，冶金工业信息标准研究院主办的《冶金信息导刊》《中国冶金文摘》进行了全新改版，《冶金信息导刊》增加了企业普遍关注的竞争情报栏目，《中国冶金文摘》根据工艺流程进一步优化了栏目设置。

### 2.4.3.3 增设英文周刊

为了提高国外客户了解中国钢铁行业的及时性，冶金工业信息标准研究院于 2003 年开始发行英文电子周刊《China Metals Weekly》（简称 CMW），拥有每周新闻热点、原材料价格报告、钢材市场分析等多个栏目。CMW 订阅客户遍及欧洲、美国、俄罗斯、巴西、日本、韩国等国家和地区。

2008 年 1 月，中国国际贸易促进委员会（简称"中国贸促会"）冶金分会委托冶金工业信息标准研究院承担 CMN 编辑出版工作，CMN 与 CMW 一起形成了该院的外文出版体系。

### 2.4.3.4 冶金信息网改版升级

为了给行业提供更全面和便捷的数据库资源，2011 年 3 月，冶金工业信息标准研究院的"冶金信息网"新版正式上线，形成冶金技术信息数据库、市场财经信息数据库、冶金专利信息数据库、冶金信息资源数据库以及系列电子出版物的新产品系列，以会员制服务显著扩大了中大型企业的服务范围。

## 2.5 情报发挥战略支撑作用（2012—2022 年）

### 2.5.1 钢铁工业实现强国跨越

党的十八大以来，我国钢铁行业立足新发展阶段，完整、准确、全面贯彻新发展理念，构建新发展格局，积极推进供给侧结构性改革，沉着应对风险挑战和百年变局，奋力完成改革发展稳定任务，推动结构优化、转型升级、提质增效、绿色发展，迎来了从"钢铁大国"到"钢铁强国"的历史性跨越，为铸就"制造强国"挺起了钢铁脊梁。

（1）产业结构持续优化。2013 年 10 月，国务院发布《关于化解产能严重过剩矛盾的指导意见》，自此，我国钢铁行业进入了加速淘汰落后产能、深化供给侧结构性改革的新阶段。

（2）兼并重组稳步推进。在钢铁行业兼并重组相关文件和行业发展形势的推动下，我国钢铁企业兼并重组步伐加快，诞生了宝武集团这样的世界钢铁航母。

（3）国际产能合作快速推进。钢铁行业积极践行落实"一带一路"倡议，"走出去"成效显著，成为国际产能合作新亮点。

（4）绿色低碳深入推进。作为我国实现绿色低碳发展的重要领域，钢铁行业积极推进实施超低排放改造等，实现减污降碳协同增效。为加快推动绿色低碳发展，中国钢铁工业协会成立低碳工作推进委员会并发布钢铁行业 EPD（环境产品声明）平台，中国宝武发起并成立全球低碳冶金创新联盟，多家钢企明确"双碳"时间表和路线图，低碳转型已成为推动钢铁行业高质量发展的重要引擎。

（5）智能化水平不断升级。钢铁行业布局了多个智能制造试点示范和新模式项目。中国宝武宝山基地、沙钢、南钢、首钢等企业建设的"黑灯工厂"和智能车间已实现稳定运行，其中宝山基地入选全球"灯塔工厂"名单。永锋钢铁、中天钢铁、德龙集团等民营企业也正在完成智能化转型。

## 2.5.2 情报工作内涵更丰富

在中国钢铁工业结构调整、转型升级、由大变强的新时代，钢铁工业形势在变、格局在变、重点在变、热点在变，信息、情报工作的内涵、模式、方式方法也在变，新时代赋予了情报人员新的使命，要求全面提升信息的知识服务和核心保障能力，全力提升情报的精准挖掘和战略支撑能力。

新时代钢铁行业情报工作模式发生了变化。

（1）情报的内容更加丰富，一方面，为了助推高质量发展，钢铁行业需要更多绿色化、智能化技术的支撑，需要及时了解、学习、应用国内外相关前沿技术；另一方面，在参与国际竞争方面，需要全面了解当地的政治、经济形势，资源禀赋、市场行情、下游需求，相关的贸易规则、关税制度，甚至是当地的风土和文化。

（2）融媒体迅速发展，使行业新闻和技术资讯的传播更为迅速和多样化，但同时也会出现为了博眼球、抢流量而使报道失真、偏颇的现象。

## 2.5.3 情报传播模式多元化

### 2.5.3.1 对绿色化和智能化情报的需求凸显

随着钢铁行业绿色化和智能化发展理念的践行，行业对于节能环保、绿色低碳，智能制造、一体化协同等相关信息和技术的关注达到前所未有的高度。

（1）主题论坛、沙龙密集举办，为行业和企业全面了解政策，掌握核心技术，交流成功经验提供了专业性的平台。

（2）为方便钢铁企业获取相关情报，《世界金属导报》作为行业权威的技术性报纸，专门设置了绿色低碳和智能制造栏目，刊登热点和前沿技术，推动行业发展。

（3）绿色、低碳、节能、智能方面的政策起到了倒逼和引导行业发展的作用。此外，国家部委陆续公布的绿色化、智能化试点示范企业项目、技术装备名单，极大地激发了行业和企业转型升级的动力。

### 2.5.3.2 情报传播模式发生改变

近十年来，智能手机和互联网的发展极大地改变了情报传递模式。数字报、手机报、微信公众号、短视频平台迅速发展，逐渐渗透到工作、学习、生活的方方面面。钢铁行业情报传播也在适应和有效利用融媒体的便捷性。

2013 年 12 月，冶金工业信息标准研究院下属的冶金信息网、世界金属导报正式开通微信平台。世界金属导报微信公众号将纸媒精华内容在公众号平台重新编排发布，既弥补了纸媒报纸送达客户的延迟问题，也在第一时间将时效性强的要闻传播到行业。

此后，世界金属导报陆续开通了抖音号、快手号、视频号、头条等平台，形成了全媒体矩阵。而且，在 2022 年 5 月 19 日，世界金属导报"世⁺融媒体工作室"举行了揭牌成立仪式。此后开展了钢铁制造的智能化革命系列直播，邀请行业资深学者、专家在智能制造相关领域作直播报告，引起了行业极大的关注和反响，对推动钢铁行业智能化发展具有积极意义。

世界金属导报融媒体正在讲好钢铁故事，传播钢铁声音，提升公众认知，引导市场预期方面发挥出越来越重要的作用。

此外，各钢铁企业、行业协会也纷纷开通了微信公众号。微信公众平台作为企业的免费宣传平台，宣传企业的产品、技术、文化、动态，树立品牌形象，扩大品牌知名度，成为新时代企业信息传播的最常规和最重要的渠道。

### 2.5.3.3 冶金信息网升级

为满足钢铁行业用户对信息服务与知识服务的需求，2016年，冶金工业信息标准研究院对"冶金信息网"再次进行升级，形成一个系统、四个中心主要架构，包括情报系统、知识中心、产品中心、文献中心、数据中心等模块，通过数据关联打破信息孤岛，给用户带来了全新的知识获取体验。

为适应钢铁行业高质量发展新形势，为用户提供更丰富的信息资源以及更优的使用体验，并结合钢铁企业在建立信息情报平台过程中的普遍需求，2021 年冶金工业信息标准研究院采用最新的资源整合工具、深度搜索等技术对冶金信息网升级，形成情报中心、产业政策、企业跟踪、热点专题、钢铁标准、数据中心、产品中心、科技文献、冶金标样、企业 MIS 等多个功能模块，总的数据资源超过 5000 万条，同时提供更加完善的移动端信息服务，进一步贴近了用户的信息需求。

### 2.5.3.4 企业重视建设信息情报平台

近几年，随着企业越来越重视科技情报和信息情报，很多企业开始建设自己的情报系统。冶金工业信息标准研究院凭借自身在冶金情报系统、数据库建设和运营方面的优势，近年来先后为多家企业，如沙钢、陕钢、中冶焦耐、冀南钢铁等都建设了企业自己的信息情报平台。该平台成为企业全方面获取情报的重要窗口。

该平台的建设能够为企业带来诸多益处：

（1）促进情报信息的整合和统一管理，逐步积累各类有价值情报资源，有效积累和管理企业数据资产，数据资产本地保存，降低重复采购成本；

（2）构建一体化的情报服务平台，促进情报资源、情报方法和先进工具的一站式集成；

（3）促进情报共享与协同，将促进情报意识、情报资源、情报平台在情报部门和科研管理部门的跨部门推广及应用；

（4）提升情报研究的效率和效益，促进情报工作的常态化开展；

（5）借助先进的信息技术手段，减少情报人员在信息采集、加工处理等烦琐、机械的低价值环节中的精力投入，促进情报资源的集中采购和按需采购，降低情报资源采购成本；

（6）促进创新型在线学习交流平台的建立，通过对情报资源的全面整合和统一管理，提供内容丰富、层次多样的情报资源，以"主动学习""专题学习"的创新形式引导和促进个人提升。

# 3 情报信息前瞻性促进钢铁创新

科技创新是钢铁行业高质量发展的核心驱动力，情报信息推动中国钢铁的科技创新自强自立。"十三五"以来，在技术创新的驱动下，钢铁行业在工艺装备、品种质量、绿色发展、智能制造等方面大幅提升，为高质量发展奠定了坚实基础。钢铁行业要形成布局结构合理、资源供应稳定、技术装备先进、质量品牌突出、智能化水平高、全球竞争力强、绿色低碳可持续的高质量发展格局，离不开科技创新。

科技创新离不开情报信息工作的支持。在推动中国钢铁高质量发展的历程中，科技文献发挥了巨大的作用；定题情报和专项调研咨询解决某一领域的关键问题，对推动钢铁行业发展意义重大；知识产权的发展对我国钢铁行业技术创新和成果转化起到保障作用；成果奖的设立既激励了广大的钢铁科技工作者的积极性，通过科技创新成果展的示范作用推动了技术的进步。

## 3.1 图书文献辅助钢铁科技创新

我国是名副其实的钢铁大国，拥有世界最大的钢铁生产量、消费量、进出口量，在迈向钢铁强国的进程中，技术创新是成为钢铁强国的首要条件。钢铁行业的产业技术升级、高质量转型发展离不开图书文献的有力支撑。国家冶金图书馆是 21

世纪我国在国家层面上建设的工程技术领域的重要专业图书馆，肩负通过科技情报信息为冶金行业提供技术创新驱动力的重要使命。作为我国冶金行业最权威的专业图书馆，国家冶金图书馆收藏了大量钢铁冶炼领域的高质量文献信息资源，为我国核电用钢开发、装备创新带动厚规格高端钢材产品研发等钢铁工业的科研创新活动，以及中国企业参与国际贸易、对外投资等经贸活动，提供了有力支撑。该馆馆藏资源既包括钢铁行业有影响力的技术文献，如《国际钢铁评论》（International Steel Review）、《钢铁技术》（Iron & Steel Technology）、《日本钢铁协会国际杂志》（ISIJ International）、《日本钢铁工程技报》（JFE 技报）、《钢铁译文》（Steel in Translation）、《钢铁技术协会会议录》（Proceedings of the Iron & Steel Technology Conference）、《西山纪念技术讲座》（西山記念技術講座）、《冷成型钢结构国际专业会议》（International Specialty Conference on Cold-Formed Steel Structures）、《东南亚钢铁协会会议》（SEAISI Conference & Exhibition）等；还包括由国外知名咨询机构 Fastmarkets（原 MB）、CRU、AME、Platts 等出版的多种钢铁方面的市场类文献、统计数据，如：《CRU 钢铁观察》（CRU Monitor：Steel）、《CRU 粗钢市场展望》（CRU Crude Steel Market Outlook）、《AME 钢铁工厂成本报告》（AME Steel Plant Cost Report）、《世界钢铁厂名录》（Iron & Steel Works of the World Directory）等。

## 3.2 情报深耕促进前沿技术突破

创新是引领发展的第一动力，是建设现代工业体系的战略支撑，也是实现高质量发展的必由之路。我国钢铁情报工作人员通过全方位的全球资料检索结合我国钢铁行业以高炉-转炉长流程生产为主，一次能源消耗结构主要为煤炭的特点给出绿色发展创新建议。

（1）针对绿色低碳关键核心技术，可重点围绕副产焦炉煤气或天然气直接还原炼铁、高炉大富氧或富氢冶炼、熔融还原、氢冶金等低碳前沿技术。

（2）加强创新工艺减碳。铁水一罐到底、薄带铸轧、铸坯热装热送、在线热处理等技术，打通、突破钢铁生产流程工序界面技术，推进冶金工艺紧凑化、连续化。加大熔剂性球团生产、高炉大比例球团矿冶炼等应用。开展绿色化、智能化、高效化电炉短流程炼钢，废钢余热回收、节能型电炉、智能化炼钢等技术。推动能效低、清洁生产水平低、污染物排放强度大的步进式烧结机、球团竖炉等装备逐步改造升级为先进工艺装备。

（3）余热余能利用。各类低温烟气、冲渣水和循环冷却水等低品位余热回收，推广电炉烟气余热、高参数发电机组提升、低温余热有机朗肯循环（ORC）发电、低温余热多联供等先进技术。电炉、转炉等复杂条件下中高温烟气余热、冶金渣余热高效回收及综合利用工艺技术装备研发应用。

（4）能源智能化、数字化管理。应用加热炉、烘烤钢包、钢水钢坯厂内运输等数字化、智能化管控措施，推动钢铁生产过程的大物质流、大能量流协同优化。普及应用能源管控中心。建立设备、系统、工厂三层级能效诊断系统，通过动态可视精细管控实现核心用能设备的智能化管控、生产工艺智能耦合节能降碳、全局层面智能调度优化及管控、能源与环保协同管控。

（5）公辅设施节能。应用高效节能电机、水泵、风机产品，提高使用比例。合理配置电机功率，实现系统节电。开展压缩空气集中群控智慧节能、液压系统伺服控制节能、势能回收等先进技术研究应用。

（6）循环经济降碳。推动钢化联产，依托钢铁企业副产煤气富含的大量氢气和一氧化碳资源，生产高附加值化工产品。开展工业炉窑烟气回收及利用二氧化碳技术的示范性应用，推动产业化应用。

### 3.2.1　科技查新

1994年，国家科委认定冶金工业信息标准研究院为国家一级科技查新咨询机构，冶金科技查新咨询中心正式建立。在近30年的创新实践中，以"提高科技立项和成果评审的科学化和规范化，提高科研立项和鉴定、奖励的严肃性、公正性、准确性和权威性"为宗旨，完成了大量涉及国家"863""973"科技攻关计划、国家重点新产品课题的立项、科研成果鉴定、国家科学技术奖及省（部）级科技奖申报等的科技查新工作，为我国冶金行业特别是钢铁企业的科技创新提供了专业化的支撑服务。

随着《国家知识产权战略纲要》的实施和建设创新型国家概念的提出，企业作为自主创新的主体对科技查新提出了新的要求，使得科技查新业务出现了一些新的特点。为此，科技查新项目组适时对原有科技查新业务进行了深化，开展了专利查新、专利侵权检索分析等一系列与知识产权相关的科技查新，并利用科技查新积累的专利文献检索、分析经验，开展了专利信息咨询服务、知识产权体系建设等新业务，满足了企业在新发展时期的多方位需求。

2013年10月，冶金科技查新咨询中心成为新成立的"中国科学技术情报学会科技查新专业委员会"的委员单位,与全国的科技查新机构一同探索新形势下科技查新工作的新方法、新模式、新体系,不断提高服务层次,加强服务意识,扩大服务覆盖面,提升查新工作质量水平。

## 3.2.2 专项研究

1991 年 7 月,第五次全国冶金情报工作会议在北京召开,此次会议认为,多年来,情报研究在领导决策等方面起了一定的作用,但无论质还是量方面都和需求存在差距,因此情报研究必须大力加强,应在情报研究的方向、内容和管理等方面都要再上一个新台阶。

此次会议上,时任冶金工业部副部长殷瑞钰作了报告,报告明确了"八五"期间(1991—1995 年)冶金情报发展的总体目标:进一步完善能满足冶金系统各层次需求的情报服务系统,面向主战场,加强综合分析,为生产建设服务,为各级领导决策服务,为科学研究服务,促进冶金工业持续、稳定、协调发展。情报工作要上台阶,要真正能面向主战场,必须加强综合分析,这对进一步搞好情报工作很重要。综合分析不是照抄照搬就完了,而是要分析国际上冶金结构和产品结构到底怎么变化,搞清它的发展过程和发展动向,有哪几个关键转折,最后在工业上有什么影响,对领导决策来说这是重要的。

1991 年 7 月,冶金工业部发布《关于加强冶金情报工作的决定》,再次提出要大力做好情报研究工作,称情报研究是科技情报工作的重要组成部分,是科学决策的重要环节。各级情报机构要根据自身特点和服务对象的需求,分析、研究、掌握并提供国外冶金科技和技术装备的发展战略、技术政策、中长期计划、发展水平和科学管理等动向情报，针对冶金工业生产和科技研究中的主要问题，进行科技与经济、社会相结合的综合分析研究，为领导的宏观决策和管理，为科技人员、管理人员的特定需求提供专题情报。情报研究要遵循国外情报与国内实际相结合，文献调查和社会调查相结合，现状研究与预测研究相结合，定性分析与定量分析相结合的原则，全面、及时、准确地提供服务。

基于会议精神和文件要求，1992 年 12 月，冶金工业部信息标准研究院将钢铁情报室、矿山情报室、地质情报室及经济价格研究室合并，成立信息调研部，其成立后先后承担了国家部委多项重大课题和企业委托的大量专项调研，为钢铁行业的发展起到重要的推动作用。

为了适应行业发展，并完善本单位部门设置，2000 年 1 月，冶金工业信息标准研究院（由冶金工业部信息标准研究院于 2000 年 1 月 19 日更名）将信息调研部、冶金专利事务所、信息管理处、科技成果管理办公室、查新咨询中心合并组成了产业与市场研究所，使情报调研与专利服务、科技查新、促进成果转化工作相结合，更好地服务于政府和企业的发展需求。

2002 年 3 月 29 日，冶金工业信息标准研究院获得国家发改委颁发的国家甲级工程咨询资格证书，成为首批获得国家甲级工程咨询资格证书的冶金行业科研院所。

此后经过多次部门调整，目前冶金工业信息标准研究院的综合咨询业务部门以更宽更远的视野，深度分析研究冶金行业发展方向，结合产业政策、市场演变、发展基础，为政府和企业制定行业企业发展战略，提供产业政策、结构调整、绿色低碳及转型升级等综合咨询服务；开展创新体系、专利分析与知识产权体系、标准体系以及市场分析、成本对标、竞争力分析、产业链建设等专项咨询服务。综合咨询业务不仅具有国家工程咨询甲级资信，还是工业节能与绿色发展评价中心，也是企业标准"领跑者"评估机构。

定题服务或专项调研是围绕研究课题，对情报加以收集、筛选、整理，然后将它们定期或不定期地提供给用户。专项调研及时根据需要，主动为特定课题提供科技文献资料、搜集情报信息、筛选情报数据、评述发展方向等综合服务的形式。它是科研课题研究成败的关键。经过几十年的发展，定题服务或专项调研为钢铁行业政策发布、产能布局，以及企业规划、经营决策起到了重要的支撑作用。

### 3.2.3　知识产权

《中华人民共和国专利法》（简称《专利法》）于 1985 年 4 月 1 日开始实施，当时，专利工作在我国尚是一项全新的工作，是科技体制改革中的一个重要环节。它能有效地调动广大科技工作者的积极性，抓好专利技术的实施将有效地促进新技术向社会生产力转化，促进社会科技进步。自《专利法》开始实施到 1986 年上半年，冶金系统有多项发明创造向中国专利局提出了申请。

1984 年 9 月，冶金工业部发布《关于设置冶金专利机构的通知》将冶金工业部情报标准研究总所下属的"成果专利管理处"更名为"冶金专利管理处"，负责冶金科技成果及发明创造的业务管理工作。同时成立"冶金专利咨询服务公司"，作为冶金工业部情报标准研究总所下属单位，业务上由冶金工业部科技司领导，并于 1985 年 4 月更名为"冶金专利事务所"。

1985 年 10 月，冶金专利代理人协会成立，冶金工业部情报标准研究所为挂靠单位。从 1985 年 4 月 1 日《专利法》实施到 1990 年底，冶金系统已有 100 多个单位向中国专利局共提交了专利申请 2049 项，其中 1202 项已获得专利权，实施率为 45.2%，累计获直接经济效益（利税）9 亿多元，获间接经济效益逾 34 亿元。表明专利在冶金科技进步中的作用日益明显，在"专利长入经济"方面有了长足的进步。

1994 年，冶金工业部颁发《冶金工业部专利工作中长期规划》，提出了明确的战略目标，从"八五"（1991—1995 年）到 20 世纪末，冶金系统要着重从加强专利法的宣传普及、专利实施、专利战略研究、专利体系建设四个方面强化知识产权管理工作。

20 世纪 80—90 年代，为了更好地贯彻落实国家知识产权战略纲要，增强我国钢铁企业的知识产权管理和专利信息运用能力，促进钢铁企业自主创新能力的提升，冶金工业信息标准研究院不定期举办"专利技术培训班"，对于我国钢铁专利人才的培养意义重大。

2011 年 3 月，冶金工业信息标准研究院冶金信息网新版正式上线，其中特别涵盖了冶金专利信息数据库。

工业和信息化部自 2012 年开始组织实施产业知识产权风险评估与预警工程。2013 年 4 月，冶金工业信息标准研究院承担了工信部专利知识产权分析课题"硅钢片领域专利预警分析和风险应对策略研究"，建立"硅钢专利文献预警数据库"。之后多次完成工信部的知识产权课题。

冶金工业信息标准研究院自 2018 年开始连续发布"钢铁企业专利创新指数"。2018 年，我国出台《国家知识产权战略纲要》十周年之际，该院联合相关机构首次推出"中国钢铁企业专利创新指数"，对中国钢铁工业协会会员企业按生产特性进行筛选，选出钢铁生产企业、设计公司、科研院所等 151 家企业，从专利创造、专利运用、专利保护等多个角度对我国钢铁企业的专利创新能力进行了公正、科学的评价，旨在促进我国钢铁企业在专利创新能力方面的提升，促进钢铁行业高质量发展。

此后，冶金工业信息标准研究院每年都会发布《中国钢铁企业专利创新指数》，并且涵盖的企业更加广泛。为了更好地促进我国钢铁行业在专利方面竞争力的提升，冶金工业信息标准研究院从 2020 年开始发布"全球钢铁行业专利创新指数"。该指数的发布对于全面掌握和评价全球钢铁企业专利创新情况，为我国钢铁企业专利创新工作指明方向具有重要意义。

为积极响应和贯彻我国国家关于强化知识产权创造、保护和运用的整体要求，构建平台，促进知识产权的交流与合作，推动科技强国建设，经中国知识产权发展联盟批准，2019 年 8 月 9 日，中国知识产权发展联盟冶金专业委员会在冶金工业信息标准研究院正式成立。为了更好地推动冶金专委会的工作，冶金工业信息标准研究院在冶金信息网建立了冶金专委会的专用网站，专委会的相关工作和会议将在该网站进行发布，建立了冶金专委会工作微信群，便于成员单位之间的信息沟通。

2021 年 9 月 23 日，中共中央、国务院发布《知识产权强国建设纲要（2021—2035 年)》，目的是进一步推进知识产权强国建设，全面提升知识产权创造、运用、保护、管理和服务水平，充分发挥知识产权制度在社会主义现代化建设中的重要作用。中国知识产权发展联盟冶金专业委员会在《知识产权强国建设纲要（2021—2035 年)》指领下，发挥其职能：提高我国冶金工业知识产权创造、运用和保护意识的理念，促进冶金领域知识产权的交流与合作，以实现知识产权强国和钢铁强国为目标而努力。

### 3.2.4 成果激励

1978 年 3 月，全国科学大会在北京召开。这是在粉碎"四人帮"之后、国家百废待兴的形势下党中央决定召开的一次重要大会，是我国科技发展史上一次具有里程碑意义的盛会，被誉为科学的春天。此次科学大会以后，政府恢复和重建了国家科学技术奖励制度。

为了激发广大科研工作者的积极性和创造性，推动了钢铁行业的科技进步，冶金工业部从 1978 年开始了"冶金工业部科学技术进步奖"的设立工作（1997 年以后改为"冶金工业局科学技术进步奖"），并由冶金工业部情报标准研究所组织编印年度《冶金科技成果选编》。

为了加强冶金科技成果的管理工作，促进冶金科学技术的发展，1979 年 10 月，冶金工业部发布《冶金科学技术研究成果管理工作的试行规定》，后于 1980 年 7 月发布《冶金科技成果管理工作的暂行规定》，对试行规定作了修订，原试行规定同时废止。《冶金科技成果管理工作的暂行规定》明确了成果的分类、鉴定、上报、推广，以及科技成果管理工作的分工和职责。该暂行规定还提出由冶金工业部情报研究总所设立科技成果日常管理的专门机构，负责管理有关的科技成果资料。

1985 年 12 月，经冶金工业部与中国有色金属工业总公司批准召开冶金科技成果广州交易会，共展出科技成果项目 554

项，举办了 14 次专题讲座，放映了 6 部科技录像片，会议密切了科研和生产之间的联系，加速了科技成果向生产的转化。经过一周的展出洽谈，共实现意向、协议、合同项目 107 项，达 3680 余万元，为今后广泛开辟技术市场探索出一条道路。

1986 年 9 月，冶金工业部下发《关于颁发 1985 年度冶金工业部（情报、标准类）科技进步奖的通知》，首次将情报、标准成果纳入冶金工业部科技进步奖范畴。

1991 年 1 月，冶金工业部印发《冶金工业部企业技术进步奖奖励办法（试行）》，旨在推动冶金企业技术进步，提高经济效益和社会效益，促进冶金工业持续、稳定、协调发展。"冶金工业部企业技术进步奖"每年评选一次。"冶金工业部企业技术进步奖"奖励的范围包括：

（1）新工艺、新技术、新装备、新产品的开发与推广；

（2）产品质量与生产技术的优化；

（3）企业改造中采用新技术；

（4）引进技术的消化吸收与国产化；

（5）管理现代化；

（6）人才培训等方面作出贡献的企业。

为了使科学技术工作更好地面向经济建设，发挥科学技术是第一生产力的作用，1991 年 5 月，冶金工业部印发《冶金工业部科学技术计划管理办法（试行）》。该办法明确了冶金科学研究的范畴，即在冶金及相关领域内，科技工作者为增加科学技术知识和发明新应用（包括新技术、新工艺、新装备、新材料及相关的自动化）而进行的符合客观规律，具有认识、改造自然，并且有社会或经济价值的创造性系统活动。研究内容包括基础性研究（主要是应用理论）、应用技术研究、开发研究

（含引进技术消化吸收）及软科学研究。该办法规定了重大科技项目的立项、申报、审批、成果鉴定、验收及成果推广等内容。

为了进一步做好冶金科技成果管理工作，冶金工业部科技司于1991年组织建立冶金科技成果数据库。随着科学技术的发展，冶金科技成果越来越多。1978—1990年共有6000多项冶金科技成果。这些科技成果是冶金战线广大科技工作者劳动的结晶，是国家的宝贵财富。为了加强冶金科技成果管理，特建立冶金科技成果数据库，应用计算机进行数据统计、分析和动态跟踪。

冶金科技成果数据库是在国家科委的大力支持下，以北京科技大学为主，在吸收国内先进应用系统软件的基础上，研制开发成功的智能化高功能软件系统。该数据原始录入的成果包括1978—1987年获部、省级以上科技奖项目，1988—1991年经部、省级以上鉴定的项目，以及经济效益好且有推广应用前景的其他项目。为了推动冶金科技成果数据库的建设，冶金工业部科技司于1991年7月组织召开了"第一期冶金科技成果数据库培训、研讨会"。此后，还陆续举办了科技成果管理人员计算机扫盲班。

1994年10月18日，冶金工业部下发《关于成立冶金工业部科技成果管理办公室的通知》（（1994）冶人函字第044号），决定成立"冶金工业部科技成果管理办公室"，挂靠在冶金工业部信息标准研究院，其行政管理受该研究院领导。

2000年，由中国钢铁工业协会和中国金属学会按照《国家科学技术奖励条例》和《社会力量设立科学技术奖管理办法》，经国家科学技术部正式批准设立了中国钢铁工业协会中国金属学会冶金科学技术奖（简称"冶金科学技术奖"），其前身便是国家冶金工业部（局）的科学技术进步奖。冶金科学技术奖是钢铁行业的最高科学技术奖。

中国钢铁工业协会和中国金属学会设立由冶金工业领域的著名专家、学者、企业家和行政部门领导组成的奖励委员会，是冶金科学技术奖的最高管理机构。按奖励条例和实施细则的规定，奖励委员会对评审委员会推荐的特等奖项目进行评审，对一、二、三等奖项目进行审定，做出最终授奖决定。冶金科学技术奖面向全社会，旨在推动冶金工业科技进步和科技创新工作，激励利用科技力量促进冶金工业发展的行为，通过表彰项目奖励对冶金工业的改革和发展作出贡献的中国公民和组织。

冶金科学技术奖从 2000 年设立到 2022 年共受理申报项目4818 项，表彰获奖项目 1756 项，占申报项目总数的 36.4%，其中特等奖 24 项、一等奖 255 项、二等奖 546 项、三等奖 931项，见表 3-1。

### 表 3-1　冶金科学技术奖评审情况表

| 表彰年份 | 特等奖数 | 一等奖数 | 二等奖数 | 三等奖数 | 获奖数 | 表彰比例/% | 申报数 |
|---|---|---|---|---|---|---|---|
| 2022 | 1 | 23 | 29 | 58 | 111 | 38.41 | 289 |
| 2021 | 3 | 21 | 32 | 57 | 113 | 38.57 | 293 |
| 2020 | 1 | 22 | 25 | 53 | 101 | 38.26 | 264 |
| 2019 | 1 | 14 | 24 | 45 | 84 | 38.89 | 216 |
| 2018 | 1 | 15 | 24 | 45 | 85 | 39.53 | 215 |
| 2017 | 1 | 15 | 22 | 40 | 78 | 37.68 | 207 |
| 2016 | 1 | 10 | 19 | 32 | 62 | 38.75 | 160 |

续表 3-1

| 表彰年份 | 特等奖数 | 一等奖数 | 二等奖数 | 三等奖数 | 获奖数 | 表彰比例/% | 申报数 |
|---|---|---|---|---|---|---|---|
| 2015 | 0 | 12 | 25 | 41 | 78 | 31.97 | 244 |
| 2014 | 2 | 8 | 26 | 43 | 79 | 33.91 | 233 |
| 2013 | 1 | 10 | 24 | 41 | 76 | 32.48 | 234 |
| 2012 | 1 | 12 | 23 | 40 | 76 | 31.93 | 238 |
| 2011 | 1 | 10 | 28 | 40 | 79 | 31.60 | 250 |
| 2010 | 0 | 12 | 26 | 40 | 78 | 32.91 | 237 |
| 2009 | 0 | 10 | 24 | 39 | 73 | 36.50 | 200 |
| 2008 | 1 | 11 | 23 | 42 | 77 | 35.32 | 218 |
| 2007 | 0 | 9 | 26 | 42 | 77 | 38.89 | 198 |
| 2006 | 2 | 9 | 23 | 43 | 77 | 38.69 | 199 |
| 2005 | 1 | 7 | 25 | 35 | 68 | 36.76 | 185 |
| 2004 | 3 | 7 | 26 | 40 | 76 | 37.25 | 204 |
| 2003 | 1 | 5 | 26 | 43 | 75 | 34.56 | 217 |
| 2002 | 2 | 8 | 18 | 36 | 64 | 40.51 | 158 |
| 2001 | 0 | 5 | 28 | 36 | 69 | 43.40 | 159 |
| 合计 | 24 | 255 | 546 | 931 | 1756 | 36.45 | 4818 |

冶金科学技术奖呈现多方面的特点：

（1）高标准、严要求是冶金科学技术奖的显著特征；

（2）自主研发是主流，企业成为研发主体；

（3）获奖助推技术应用及推广；

（4）钢铁行业自主创新能力显著提升；

（5）社会效益广泛深远。

自设立以来，无论是前身的冶金工业部（局）科学技术进步奖，还是目前的中国钢铁工业协会中国金属学会冶金科学技术奖，都在鼓励钢铁行业广大科技工作者科技创新、技术进步、成果转化和人才培养等方面发挥了重要的激励作用，为提升我国钢铁工业科技水平，推动钢铁行业高质量发展作出了积极贡献。

## 3.3 科技信息服务产品技术升级

### 3.3.1 专利分析助力高端硅钢生产技术提升

我国钢铁工业面向特高压输变电、清洁发电机组及新能源汽车驱动电机等高端硅钢关键核心材料的重大需求，高端硅钢技术实现代际跨越，硅钢产业发展引领全球。冶金工业信息标准研究院承担工信部的"我国硅钢领域专利预警分析和风险应对策略研究"课题，针对性地分析了相关技术领域的14家国内外知名硅钢生产企业的专利技术情况，建立了合理的硅钢知识产权预警信息。作为我国具有代表性的钢材产品知识产权预警成果，该项目旨在开展钢铁领域知识产权的风险评估与预警，引导钢铁行业和企业创新发展，帮助国内钢铁企业更好地应对国际市场竞争和技术竞争。

专利数据分析与其他企业技术创新能力衡量维度相比具有易收集、可量化的优势，因此专利分析在推动钢铁行业技术创新和高质量发展的历程中可以说起到了重要的保障作用。该课题对我国高端硅钢生产技术与产品质量提升提供了大力支持。情报信息工作对宝钢突破极低铁损取向硅钢和高端无取向硅钢制造技术、高硅薄带取向硅钢一贯制新工艺与产线、耐热激光刻痕工艺与装备、薄规格新能源汽车用高端无取向硅钢等对项目提供了支持。

首钢信息所对首钢的硅钢研发提供情报支持。首钢始终坚持自主创新，以技术进步为核心驱动，不断提升取向电工钢产品质量水平。坚持在高端产品研发、全流程制造、工艺优化和用户应用技术等方面实现突破。首次开发了基于组织性能、表面质量、板形尺寸综合控制的降低取向硅钢噪声综合控制技术，实现了 AWV 典型值 51dB，略优于日本制铁（原新日铁）；叠装系数优于日本制铁与浦项；0.20mm、0.18mm 极薄规格产品产销量国内第一。

在"双百万"变压器应用结果优于日本制铁 2~3dB，满足了全球节能低噪声变压器发展需求。首钢产品首次应用于全球电压等级最高、容量最大卷铁芯高铁牵引变压器；广泛应用于超、特高压电力变压器，包括全球交流电压等级最高、容量最大的"双百万"变压器，全球在建装机容量最大的白鹤滩、乌东德水电站工程。白鹤滩至江苏 ±800kV 高压直流输电工程是全球首个混合级联特高压直流工程，在世界上首次研发"常规直流+柔性直流"的混合级联特高压直流输电技术，集成特高压直流输电大容量、远距离、低损耗，以及柔性直流输电控制灵活、系统支撑能力强的优势，示范引领意义重大。

该重大工程项目是首钢高性能取向电工钢首次应用于特高压直流换流变压器，是首钢电工钢十余年勇攀高峰、匠心以恒的又一次重大突破。国内外一大批电站、电网工程应用"首钢制造"，标志着首钢取向电工钢应用实现特高压输电领域全覆盖，有效支撑了我国特高压高端装备制造的全球领先地位。

## 3.3.2　定题检索服务高铁用钢自主开发取得重大突破

宝武马钢高品质铁路机车用整体车轮关键制造技术国际领先。整体机车车轮服役条件苛刻、技术要求高、生产难度高，过去全部依赖进口。2001 年，马钢启动了整体机车车轮的研发。研发之初，关于机车车轮用钢生产技术的国内文献少之又少，为克服这一短板，马钢委托冶金工业信息标准研究院进行国外相关技术文献及专利检索。冶金工业信息标准研究院通过检索外文专利数据库和会议文献数据库，找到车轮用钢成分设计及热处理工艺相关文献，并组织专业力量进行翻译。

在这些文献的指导下，马钢通过自身技术人员的努力，历经 14 年开发出高韧抗伤损车轮材料设计、高洁净度冶炼连铸工艺、高精度车轮成型工艺、高强韧匹配热处理工艺、高精度机加工与检测工艺五项关键技术，达国际领先水平，产品实现了国产化替代，纳入国家重点新产品，确保了我国铁路产业链安全，同时产品还出口全球知名机车制造商北美 GE、法国 ALSTOM。2021 年，我国自主研制的全球最大牵引功率（28800kW）"神 24"机车用车轮全部由马钢自主供应。

宝武马钢高速车轴钢产品研发及关键制备技术国际领先。为满足标准化动车组车轴国产化的需求，马钢历时 10 年，形成高速车轴钢成分优化、超低氧含量控制、大型夹杂物控制及大圆坯偏析和缩孔控制、车轴钢坯轧制技术、热处理技术及质量量化评价判定模型的建立及应用等技术创新，成功开发了时速 250km、时速 350km 复兴号高速车轴钢产品。主要技术指标和产品性能居于国际领先水平，实现产品自主生产、填补国内空白，顺利完成了 60 万公里的装车运行考核。

首钢 EA4T 车轴钢是目前国内动车组及大功率机车领域使用最为广泛的车轴钢牌号。首钢在国内率先实现了 EA4T 车轴钢在动车组及大功率机车领域的应用，装车于国内外多种重点车型，助力新基建及"一带一路"建设。

首钢大功率机车用 EA4T 钢，兼具高疲劳强度与高强韧性，国内唯一通过中国铁路 CRCC 认证、德国 HPQ 认证及西门子认证，完成整车 60 万公里考核，批量装车于中车株机动车组列车，已累计安全运行 500 万公里以上；装车应用于国内首次整车出口至欧盟动车组列车、"绿巨人"复兴号、青藏铁路动车组、中老铁路动车组等车型上。装车应用于全球首款 4000m 高原用电力机车 HXD1C，以及全球最高功率 28800kW "神 24" 机车等重点车型。采用首钢大功率机车车轴钢制作的车轴数量超过10 万支，国际市场占有率 27%，国内市场占有率 60% 以上。

南钢成立产学研用团队，结合自身装备和技术优势，陆续开展纯净钢冶炼及夹杂物塑性化控制、钢的成分均质化控制、裂纹敏感钢种铸坯表面质量控制、渗碳奥氏体晶粒度控制等技术研究，明确了轨道交通用钢开发的具体目标和实施方案，形成了具有自主知识产权的轨道交通用钢生产控制技术，相继完成了高铁弹簧用钢、制动盘用钢、轨道交通用齿轮钢等产品开发及产业化应用，逐渐形成了成熟的轨道交通用钢研发及生产体系，已初步形成轨道交通用钢特殊钢长材系列化产品，填补了国内空白，解决了"卡脖子"材料问题。

随着我国高速铁路、桥梁建设等基础产业发展，对金属线材制品提出了新的功能和更高的技术需求，法尔胜泓昇集团立项研究高性能特种金属线材制品关键技术集成创新与产业化。经过十多年的产学研刻苦攻关，率先开展了珠光体组织强韧化机理及微纳组织定量表征新技术研究,开发出直径 0.08mm、抗拉强度 4600MPa 的镀锌钢丝。首次系统地开展了金属线材制品全流程关键共性技术研究,成功开发出以高速铁路用钢丝绳、桥梁用智能型缆索、超高强度输送带用钢丝绳为代表的具有自主知识产权的六大系列高性能特种金属线材制品,产品属国际首创或技术水平达到国际领先。开发了系列核心制造装备,构筑了具有自主知识产权的金属线材制品全流程制造系统,建立了完善的产品、质量及工艺等相关标准体系,实现了项目产品的大规模稳定化生产,形成了高性能特种金属线材制品 15 万吨/年的生产能力,公司成为全国钢丝绳单项冠军,项目整体技术达到国际领先水平。

### 3.3.3 专利调研促进 H 型钢生产线引进和产品开发

在我国钢铁产品结构调整时期,马钢和莱钢等钢铁企业引进国外先进技术和装备建成了 H 型钢生产线并生产出优质的 H 型钢系列产品。实现了我国型钢产品的重大突破,这不但填补了我国钢材产品的空白,改变了我国型钢生产技术的落后面貌,而且对我国钢结构产业调整产生重要影响。

马钢在 20 世纪 90 年代引进我国第一条大型热轧 H 型钢生产线时,首先委托冶金工业信息标准研究院进行了专利调研,这是我国钢铁界首个在技术引进前进行专利调研的案例。利用专利信息评估欲引进技术的先进性,从而做到对欲引进项目的国内外技术水平、技术密集国家、技术发展历史和趋势心中有数,在引进技术时可以瞄准先进技术货比三家。在冶金工业信息标准研究院的帮助下,马钢准确选择并引进当时主流的 H 型钢生产线。

近年来，复杂断面型钢控制冷却技术的开发已引起国内外企业和科研院所的重视。东北大学开发出复杂断面型钢的新一代 TMCP 系列装备及控制技术，其核心是基于新一代超快速冷却的均匀化控制理论，其特点是控制轧件在限定（通常极短）的时间内，快速降温至目标温度，实现对组织和性能的精准调控。超快速冷却设备具有体积小，流体换热效率高，冷却速率快，具有完善的自动控制功能，并解决了复杂断面型钢不同部位、不同厚度冷却均匀性及弯曲变形的难题，明显提高了产品的综合力学性能、使用性能及生产效率，实现了节约型的产品成分设计和减量化生产，创造了较大的经济和社会效益。

根据 H 型钢的规格、产线特点及轧制工艺，分别开发出用于小型、中型、大型及重型 H 型钢轧后超快速冷却及轧后淬火-回火系列成套装备、控制系统及冷却数学模型，自主开发的装备和技术成功应用于马钢大型厂、津西钢铁、日照钢铁、河北天柱钢铁及马钢重型线等产线。该系统的投用大幅提升了产品的性能，先后开发出低成本 Q355B、Q420、S450J0 等级别产品，使 Q355 级别 H 型钢屈服强度提高 50MPa 以上，减少了 Mn 元素的添加，降低了碳当量；S450J0 的屈服强度提升 70MPa 以上，减少了 V 合金含量的添加，组织为"铁素体+珠光体+少量贝氏体"，晶粒度达到 9.0 级以上，取得了较好的经济效益；由于轧后超快速冷却的应用，使上冷床的温度大幅降低，取消了原有的冷床雾化冷却系统，冷床的能力得到释放，同时极大改善了产品的表面质量，实现了 H 型钢轧后冷却系统的自主研发。其中部分产线的全套轧线系统从国外引进，唯有轧后冷却设备由东北大学提供，先后开发出低成本 Q355B、Q420、55C 等级别产品，取得了较好经济效益。

### 3.3.4 情报信息助推低成本高性能不锈钢开发

不锈钢科技进步成果显著，不锈钢新产品开发成绩斐然，使用领域不断拓宽。这期间，为适应不锈钢快速发展的新形势，太钢、钢铁研究总院、北京科技大学、东北大学、冶金工业信息标准研究院开展了"高质量不锈钢板材技术开发"课题攻关，相继研发成双相不锈钢 2205、高强度奥氏体不锈钢 304N、304NbN 锻件、中厚板等品种，填补了国内空白，产品实物质量达到国际先进水平，该课题获得国家科技进步奖二等奖。同时，为全面提升不锈钢市场竞争力，太钢集中力量开发含氮不锈钢工艺技术取得重要突破，在国内首次应用氮在不锈钢中溶解和脱除理论，建立了 AOD 炉（氩氧炉）完全采用气体进行氮元素合金化工艺模型，控制精度和实物质量均达到了国际先进水平，进一步提高了不锈钢的强度，改善了不锈钢的耐蚀性能、焊接性能及平衡相比例。同时用氮代替钢中部分镍的含量，大幅降低了不锈钢制造成本，形成了一整套具有自主知识产权的含氮不锈钢品种和生产工艺技术，含氮不锈钢产品在水利、石油、造船、铁路运输、国防军工等领域得到广泛应用，有力促进了我国不锈钢产业结构的优化升级和品种的系列化。太钢"含氮不锈钢生产工艺及品种开发"获国家科学技术进步奖。太原理工大学研制的奥氏体不锈钢焊条，钢铁研究总院、长城特钢研发的高温浓硝用 C8 高纯高硅奥氏体不锈钢及焊材获国家科技进步奖二等奖。这一时期，太钢不锈钢热轧中板、大连钢厂不锈钢盘条、长城特钢结构用不锈无缝钢管、流体输送用不锈无缝钢管获钢铁工业实物质量金杯奖。太钢、宝钢等企业研发生产的造币钢、410L、430、444、436，以及化学品船舶用 316L、310L，汽车排气系统铁素体不锈钢、深冲用奥氏体不锈钢和铁道车辆零部件用不锈钢等新产品成功开发并应用于重点行业。东北特钢精密合金公司研制成功新型 Cr-Ni-Mo-Ti 时效马氏体不锈钢，以及牌号为 D659 和 D600 油气田用不锈钢录井钢丝和油井铠装电缆用不锈钢丝，解决了硫化氢、二氧化碳和氯化物含量高的超深油气井的录井难题。大连钢厂研制成功核级不锈钢超薄带，不锈钢轻轨列车在天津亮相，重达 310t 的国内最大的不锈钢整体铸件——三峡转轮体上冠在二重成功浇铸。

高铬超纯铁素体不锈钢。超纯铁素体不锈钢发展于 20 世纪 70 年代中期，铬含量（质量分数）超过 25%，钼含量（质量分数）1%~4%，部分钢种含少量镍，耐点蚀指数 PRE≥35，耐蚀性能远优于常规铁素体不锈钢，相当于超级奥氏体或镍基合金，同时该类不锈钢具有热膨胀系数低、导热系数高、对应力腐蚀不敏感、焊接性能优异等特点，是换热器行业或大型建筑屋面的理想材料。太钢攻关团队在充分调研服役环境前提下，开展大量研究工作，解决了合金元素优化设计、超低碳氮冶炼技术、亚光表面控制技术、焊接技术，成功开发出 TTS445J1、TTS445J2、S44660 系列高铬铁素体不锈钢，在换热器行业和建筑行业得到了批量应用，填补了国内空白。采用太钢 S44660 超级铁素体不锈钢冷板生产的焊管实物质量达到了美国普利茅斯同类产品水平，应用于机场、体育场馆、冷凝器、换热器等领域。

经济型双相不锈钢。以双相不锈钢为代表的高性能、资源节约型不锈钢具有高强度、轻量化、长寿命、低合金成本等特征，应用广泛，适应了当前"碳达峰、碳中和"的政策要求。

双相不锈钢具有高强度、良好的耐 Cl⁻点蚀、耐应力腐蚀及可焊性，同时与同耐蚀性级别相当的奥氏体不锈钢相比，贵重合金 Ni、Mo 的含量（质量分数）降低 50% 以上，已经成为资源节约型不锈钢品种的典型代表。近年来，太钢围绕经济型双相不锈钢开展了大量的研发工作，解决了冶炼连铸技术、低氧、高洁净度控制、热加工技术、热处理技术、板材酸洗工艺、冷板高强化工艺、焊接技术，开发成功 S32101、S32001、TDS2102、TDS-630、S32003 等系列板材。产品实现了极限低成本与高性能的完美结合，在石油、化工、造船、核电、交通等多领域具有广阔的应用前景。

低成本高强度 Cr13 型不锈钢。降低不锈钢制造成本、替代碳钢材料、拓展应用领域等成为不锈钢企业的重点发展方向。低成本高强度 Cr13 型不锈钢合金元素含量低，不含或少含贵金属元素，同时具有高强度、良好的耐蚀性、一定的加工性能，是性价比极高的资源节约型不锈钢材料。以 T4003、TSZ410、T4003CR、TGR410、TBL12 为代表的系列低成本高强度 Cr13 型不锈钢，解决了低成本设计、热处理技术、用户加工技术、实现了低成本与高性能的良好匹配，使替代碳钢材料成为可能，在建筑围护、交通运输、机械制造等领域应用广阔。

电子电路行业用 SUS630 冷板。SUS630 属于马氏体沉淀硬化不锈钢，生产难度主要集中在极高的成品硬度及均匀性、优良的板形和极低厚度同板差等方面。目前该产品全部依赖日本进口，属于我国典型的"卡脖子"产品。太钢开展的主要技术工作，热加工技术、时效处理技术、低厚度同板差控制技术、合理的热轧及冷轧凸度控制、超平板形控制技术等方面取得突破，打破了日本产品的垄断，获得电子电路行业认可，并将在智能锁和传送带领域获得应用。

我国情报信息领域的专家顾问指导相关地区及有关企业科学发展不锈钢产业。冶金工业信息标准研究院等专业情报机构从全球视角、中国特色的专业权威高度，前瞻指引，大力支持推动我国不锈钢产业加速绿色高质量发展进程，加快不锈钢产品应用普及领域，助力人们实现对美好生活的向往。

### 3.3.5　情报文献辅助管材 TMCP 技术自主创新

热轧无缝钢管是核电火电、油气钻采、装备制造等领域不可替代的高安全性基础原材料。然而由于高温热轧和环形断面原因，广泛应用于板材领域的控轧控冷组织调控技术却难以应用于热轧无缝钢管生产，提升管材性能只能依赖添加合金元素和离线热处理。40 余年来，国内外相继开展了大量的钢管控冷技术开发工作，但由于无法实现钢管冷却过程的温度均匀性控制，几无成功先例，成为领域内国际性难题。突破在线组织性能调控已成为热轧无缝钢管高质绿色化生产的关键技术瓶颈。2013 年起，东北大学与宝钢股份合作，着手攻克这一世界难题。在这一过程中，国家工程图书馆冶金分馆对东北大学的轧制技术及连轧自动化国家重点实验室提供科技文献服务，实时跟踪国外最新研发动向，向王国栋院士及其团队定期提供相关文献及会议论文，助力开发新一代 TMCP 系列装备及控制技术。历经 7 年，东北大学和宝钢股份率先开发出具有内外壁快速均匀冷却和直接淬火功能的热轧无缝钢管在线控制冷却技术与装备，并在国际上首次实现工业化稳定应用。实现 PQF460 机组钢管轧后全部 10~36m 长度钢管的控制冷却及直接淬火。开发出基于在线冷却温控模型、钢管全长温度动态自适应算法及多流程工艺控制策略的热轧无缝钢管在线控制冷却自动化系统。实现了高效（匹配最快 40s 热轧节奏）、均匀（全长/周向控温精度±20℃）稳定生产，管形及直度良好（椭圆度小于 1%$D$，直度小于 5mm/m）。

基于在线控制冷却和淬火装备，进行生产流程再造，实现在线组织调控的短流程生产，开发出高等级套管、管线管、结构管等热轧无缝钢管的全新成分体系及工艺技术，实现了三大类品种、全规格系列化生产。同比传统工艺，晶粒度平均提高 1~3 级，冲击韧性提高 20~100J，110ksi 级抗硫管在线控冷+离线调质同比一次离线调质抗硫指标 KISSC 值提升 10%，达到 30MPa·m$^{\frac{1}{2}}$以上，替代传统两次离线调质工艺，吨钢成本大幅降低。"无缝油井管在线控冷技术用于套管生产"提案通过美国石油协会（API）纳标申请，实现了我国钢管制造企业牵头修订 API 标准零的突破，成果已成为宝钢平台性技术。

## 3.3.6 情报跟踪推动先进轴承钢的协同开发

轴承钢是我国长期未解决的"短板"钢材，高质量轴承被"卡脖子"。为保证采用连铸工艺生产的轴承钢质量达到模铸及电渣重熔钢的质量水平，并替代进口钢材，兴澄特钢从钢厂内部和钢厂下游轴承钢用户两个方面下手，解决轴承钢全产业链存在的问题，实现轴承钢生产的重大突破。

首先，在钢厂内部，在钢材纯净度、内部组织及碳化物改善等方面进行了一系列的技术攻关。兴澄特钢从原料到产品对每一道生产工序严格把关。他们采用专用高炉、使用优质的铁精矿、严格按照规程操作生产专用纯净铁水。在炼钢工序，他们开发纯净钢冶炼技术、特殊精炼技术和 100% 真空处理。在连铸工序，液面控制、保护渣、电磁搅拌、铸坯冷却等关键环节都采用特殊的控制方法，以消除铸坯凝固中形成的偏析、疏松、夹杂等缺陷。在轧制工序，采用了铸坯粗轧前表面快速冷却和轧后超快冷等技术。为了改善连铸坯生产的滚动体的均匀度，从 2013 年开始，每年不断地总结数据，目前产品已成功应用于钢球生产，耐久试验达到世界领先水平。

其次，考虑到轴承的高端化其实又是产业链问题，兴澄特钢与国内外下游的轴承钢客户紧密结合、相互合作。客户不但提出兴澄轴承钢目前存在的问题，而且根据轴承钢的发展提出新的产品发展要求，兴澄特钢则不断整改，逐步改进冶金与加工工艺，努力向用户提供满足用户质量需求的材料。高端轴承制造，特别需要轴承钢的生产与轴承制造厂的轴承设计、轴承材料等级选用、加工、热处理、装配、润滑、密封等整个生产流程紧密配合，全流程无死角地全面提升服务水平，从而从整体上提升国产轴承的质量。因此，在轴承钢研发过程中，他们充分与国际一流的轴承制造企业开展交流，将用户使用材料的工况、加工及热处理等工艺和兴澄特钢的冶金、轧制工艺结合在一起，来改善和提高轴承使用寿命，共同推动全球轴承行业的进步。目前，兴澄的产品质量控制已经达到了很高的水平。即使与国际知名轴承钢制造商相比，兴澄特钢轴承钢的各项指标也显现优势。兴澄特钢高标准轴承钢总氧含量（T[O]）能够稳定控制在 $5 \times 10^{-6}$ 以下（国标 T[O] $\leqslant 12 \times 10^{-6}$，国际高标准 T[O] $\leqslant 6 \times 10^{-6}$），粒径大于 $2\mu m$ 的夹杂物指数小于 1.0，这一质量指标世界领先。

冶金工业信息标准研究院情报信息工作者通过为项目组提供科技查新、文献检索服务，将国际最先进的轴承钢技术资料提供给研发人员，缩短了研发时间。

### 3.3.7 LNG 船储罐用高锰钢的开发

LNG 船储罐除了要求具有良好的低温力学性能外，还要求具有极低的热膨胀系数，高锰钢是最为理想的低成本低温用钢。

国家"十三五"项目组织南钢、鞍钢、太钢等 18 家单位协同创新，密切合作，明确了高锰 LNG 船储罐用钢成分设计原则和组织性能演变规律，突破了高锰 LNG 船储罐用钢的超纯净冶炼和大板坯连铸等关键难题，阐明了低温韧性的"反尺寸效应"与热处理时效脆性机理，提出高温控制轧制和轧后冷却工艺，国内首次实现了 6~60mm 厚高锰 LNG 船储罐用钢板的工业化生产，制定了高锰 LNG 船储罐用钢国家标准及中国船级社指南，高锰钢钢板已经取得 ABS、BV、KR 船级社证书，并正在积极推进 CCS、DNVGL、LR 等认证。在此基础上，建造出船舶应用的 5~20m³C 型 LNG 试验罐并成功进行了海试。目前，正在组成研究单位、钢厂、船级社、船厂、船东的联合团队，进行高锰钢在 LNG 船储罐用钢的示范应用。

冶金工业信息标准研究院承担工信部的"海洋用钢知识产权风险评估与预警"课题，其中针对 LNG 船用钢特别是殷瓦钢和罐体用钢的专利技术有针对性地进行了分析，对我国 LNG 储罐用钢研发提供了有力帮助。

## 3.4 海外情报助力中国钢铁国际化

### 3.4.1 技术经济指标服务企业对标挖潜

从 2001 年开始，冶金工业信息标准研究院信息咨询部依托国家工程图书馆冶金分馆的文献资源，推出《国内外钢铁企业技术经济指标数据集》。该数据集一经推出，就受到国内大型钢铁企业的关注，各大钢铁企业纷纷订阅，用于自身的对标挖潜和定标赶超。

1998 年 11 月，宝山钢铁（集团）公司、上海冶金控股（集团）公司和上海梅山（集团）有限公司联合，成立上海宝钢集团公司。在 1999 年底召开的宝钢干部大会上，时任上海宝钢集团公司董事长的徐大铨提出宝钢应该开展各工序与国际先进水平全面对标的任务。宝钢技术中心情报研究所基于多年跟踪国内外先进钢铁公司，在一定数据积累的基础上，正式向公司提出牵头开展对标研究，得到领导的支持。然而，当初面临的难题是，"与谁对？对什么？怎么对？"国内没有先例可循，一切都要靠摸着石头过河。为完成这项任务，情报研究所成立了对标团队。对标团队在广泛征集现场技术人员、宝钢老专家和财务部门专家意见和建议的基础上，最终确定了最初的宝钢 11 个工序 300 多个核心技术经济指标、各工序的参比对象、指标的计算公式以及竞争对手指标收集的方法和渠道。

2000 年 12 月底，宝钢第一份对标报告正式出炉，送到公司领导和各有关部门领导的案头，得到了各级领导的赞扬。徐大铨董事长还亲笔写了表扬信，他在表扬信中说，情报研究所"对标"工作是一项十分有意义的工作。此后，对标团队对技术经济指标进一步聚焦，从最初的对标理念、体系建设、核心指标概念确立、参比对象选择，到后来的指标数据科学采集、对标方法探索、对标数据分析、对标报告撰写、对标方法推广等，都进行了系统、认真的探索。通过对标研究找到了宝钢与国外先进钢铁企业之间的差距和薄弱环节，在一定程度上促进和推动了宝钢现场管理水平和核心竞争力的提升。

对标团队还实施对梅钢、鲁宝钢管、宝钢国际等公司的技术推广，并努力向宝钢其他单位延伸。依托对标研究，对内对外开展对标研究讲座 20 余次，在展示宝钢对标研究成果的同时，输出了对标研究的理念、方法和路径，供其他企业和单位借鉴参考，积极发挥央企应尽的社会责任。宝钢对标体系及方法受到国务院国有资产监督管理委员会（简称"国资委"）、清华大学现代管理研究中心、国家审计署、国家科学技术部、冶金工业信息标准研究院、上海科学技术情报研究所等多家部委和单位的高度评价。此外，应公司管理要求，对标活动案例已收录至宝钢 30 年领导力研究文集。

## 3.4.2 竞争力分析提升钢企核心竞争力

SWOT 是英文单词 Strength（优势）、Weaknesses（劣势）、Opportunities（机会）和 Threats（威胁）的首字母缩写，SWOT 分析法帮助企业识别其相对于竞争环境、竞争对手的优势、劣势、机会和威胁，找出影响成功的关键因素，提供可选择的战略。SWOT 分析的程序包括分析 S、W、O、T 因素，构造 SWOT 矩阵，制订行动计划。

从 2014 年开始，冶金工业信息标准研究院《世界金属导报》社依托国家工程图书馆冶金分馆的文献资源以及此前积累的研究成果，推出《国外钢铁企业竞争力分析》。国外钢铁企业竞争力分析系列报告在业内产生强烈反响，为国内钢铁企业技术研发和提高竞争力指明了方向，成为冶金工业信息标准研究院和《世界金属导报》的独家拳头产品，被钢铁企业研究院和行业分析机构广泛转载引用。在业内，宝钢情报中心在开展竞争对手研究中，就广泛使用 SWOT 分析法。因此，《世界金属导报》社的《国外钢铁企业竞争力分析》一经推出，就受到宝钢等国内主流钢铁企业的关注，成为企业决策辅助的有力工具。

### 3.4.3　投资分析助力中国钢铁走出去

纵观中国钢铁企业 20 多年的海外投资历程，尤其是从投资失败的案例来看，一个共性的问题是缺乏对投资目的地国家和地区进行系统性的背景调查研究，不仅仅包括常规的政治、经济、文化、法律法规、投资环境等，更重要的是要对所投资的行业、上下游行业、市场需求、当地及周边国家和地区竞争对手分析等进行详细的分析和研究，为投资和工程建设项目决策提供可靠的、客观的情报信息支撑。

冶金工业信息标准依托自身员工优秀的外语水平和专业知识，不仅为宝钢境外铁矿投资，提供了目的国投资背景调查研究，还为武钢在东南亚投资长材产能提供可行性分析报告，其中就包括东南亚各国政治、经济、文化、法律法规、投资环境等。

在"一带一路"国际产能合作的大背景下，冶金工业信息标准研究院与冶金工业规划研究院、冶金工业经济发展研究中心等兄弟单位合作，开展"钢铁国际产能合作有关问题研究"课题。其目的是建立国际产能合作信息平台，为企业境外投资提供客观准确的国际市场环境、投资环境及国别投资指南，避免企业盲目转移，降低投资风险。

#### 3.4.3.1　构建一站式政策咨询和信息服务平台

由政府相关部门牵头，依托中国钢铁行业国际产能合作企业联盟，集成整合相关信息资源，统筹建立面向"一带一路"国际产能合作的基础数据库，建设和运行服务于"一带一路"的一站式政策咨询和信息服务平台，加强基础评价、风险监测和信息共享，为企业"走出去"提供及时的信息支撑。

通过一站式平台对内强化统筹，形成分工明确、运转顺畅、协调高效的日常工作机制，研究制定重大政策，组织推动重大钢铁产能合作项目，协调解决重大问题，避免"一哄而上"和恶性竞争；对外发挥政府和行业组织的作用，依托现有对外交往渠道，与重点国家建立产能合作机制，加强政府间交流协调以及与相关国际和地区组织的合作。

### 3.4.3.2 建立钢铁国际产能合作技术创新转移平台

依托行业科研院所，在联盟指导下，整合钢铁企业、设计施工企业、科研院所资源，产学研用相结合，筛选、整理我国具有独立知识产权的先进实用钢铁技术，如低能耗冶炼技术，节能高效轧制技术，全流程质量检测、预报和诊断技术、钢铁流程智能控制技术等，创新市场运作机制，打造钢铁国际产能合作技术创新平台，打通我国先进适用钢铁技术商业化转让的通道。东北大学和香港新华集团合作设立的"新华东大钢铁先进技术研发与转移中心"就是一个很好的尝试。

应鼓励商业银行对钢铁技术创新和转移项目融资给予综合授信，打造低息金融产品，充分发挥股票市场和债券市场的作用，引导社会资本进入或通过知识产权等方式筹集资金。

### 3.4.3.3 做好顶层设计和长远规划

根据国民经济和行业发展战略，统筹考虑对外工程承包和技术装备输出、海外钢铁产品生产和加工配送、海外原料和半成品生产的利弊，做好中国钢铁产业链国际布局的顶层设计，把握好技术转移和保护的度，平衡好钢材出口和对外钢铁投资的关系。对外钢铁投资的重点应为中端产品综合钢厂、高端产品加工配送中心、关键原燃料供应基地。针对我国环境容量小，环保压力大，原燃料结构中烧结矿比例过大的现实，应适时考虑在资源禀赋好的地区进行战略投资，如部分中东和南美国家，建立球团、直接还原铁、热压铁块生产基地。

### 3.4.3.4　完善配套政策，加大金融支持力度

发挥政策性银行和开发性金融机构的积极作用，通过银团贷款、出口买方信贷、援外优惠项目融资等多种方式，加大对钢铁国际产能合作的融资支持力度。对现有政策不能覆盖但确需支持的战略性钢铁项目，按照"一事一议"原则统筹研究确定专项支持政策。中央国有资本经营预算对国资委直属钢铁企业对外投资合作提供合理支持。鼓励有条件的地方政府对地方性钢铁企业对外投资合作给予资金支持。

加快与有关国家签订避免双重征税协定，扩大和完善避免双重征税协定网络，实现重点国家全覆盖。落实钢铁企业境外所得税收抵免政策，加强出口退税管理，确保及时足额退税，创造有利于推进钢铁国际产能合作的税务环境。进一步加强国际税务合作与管理，增强我国钢铁企业境外税收权益保障。提高对跨境纳税人的税收征管水平，打击跨境逃税避税，积极构建公平的国际税收环境。积极探索"两国双园"合作模式，落实相关税收政策。

进一步研究完善对外投资法律制度，规范和保障境外投

资。和相关国家签订投资保护和促进协定，推进海外公民和机构安全保护。同东道国协调做好中方工作人员签证工作，使之正规化、便捷化。

整合各方资源，以"PPP"（Public-Prirate-Partnership）模式建立钢铁行业国际产能合作基金，完善外经贸专项资金的使用方式和资金投向，为中小项目提供融资支持。

### 3.4.3.5　切实推动中国钢铁标准国际化

积极参与国际标准化组织工作，研究制定《钢铁行业标准国际化行动规划》，制定国家标准英文版体系规划，有步骤地推动标准互认和区域标准化工作。这项工作需要大量的专业技术人员和经费，需要国家、行业层面更大的投入。

### 3.4.3.6　强化培育国际化专门人才

分析发现，我国对外投资规模较小，失败的案例较多，主要原因是"尽职调查"做得不够，这里与我国企业重资产投资的传统习惯有关，也与相关专业咨询公司和国际化专门人才的缺乏有关。当前，随着"一带一路"与国际产能合作向纵深发展，企业"走出去"也将面临海外投资经验不足、对目标国政治经济、法律财税等领域缺乏了解的诸多挑战，对企业在境外投资管理、风险管控等方面提出了更高的要求。加快培养一批熟悉沿线国家环境、带领企业务实高效地开展产能合作、提高企业国际竞争力的领军人才是当务之急。

### 3.4.3.7　加大对外援助和宣传力度，创造良好氛围

加大对发展中国家尤其是"一带一路"发展中国家的技术

援助力度，通过国内外行业媒体，共建"钢铁行业对外品牌形象传播工程"，宣传中国钢铁工业发展成就及通过国际产能合作带动合作对象国钢铁工业发展、满足当地经济建设需要的理念，让"钢铁"成为和"高铁"一样的中国靓丽名片，为钢铁国际产能合作和我国钢铁产品出口营造良好氛围。商务部和中国钢铁工业协会合作举办东盟、欧亚、南美"钢铁企业高级管理人员研修班"，取得了很好的效果。

### 3.4.4　国际对标推动关键产品开发

随着经济社会发展，情报工作方式也不断演变，由早期走出国门调研走访、资料翻译、技术分析等，逐步发展到当前的国际对标交流，共同推动新技术、新产品开发等。借助国际技术交流互动，中国钢铁持续加大研发投入，积极开展技术创新，加强基础研究和前沿技术探索，有力支撑了中国钢铁新产品研发、工艺技术创新、绿色低碳工程改造和智能制造升级，助力中国工业向产业链价值高端迈进。

近年来，以宝钢、鞍钢、本钢、中信特钢、沙钢、太钢、马钢为代表的一批国内优势企业，开发出若干项全球首发产品，抢占全球高端市场：宝钢 B18P080 硅钢产品、B23HS075 耐热刻痕产品、B96SiQL 高强度高扭转桥梁缆索钢丝用盘条等 13 项产品实现全球首发；太钢无纹理表面不锈精密带钢新产品、0.07mm 超平不锈钢精密带材、1800mm 宽幅 1200MPa 级超高强热轧卷板实现全球首发；鞍钢特厚核电安全壳用钢板、590MPa 级低密度高成型性冷轧高强汽车钢、低屈强比高韧性 Q345qD-LP01 桥梁用钢、X70 级深海高应变管线钢和 500MPa 级免涂装耐候桥梁钢等产品实现全球首发；本钢热轧抗氧化免涂层热成型钢 CF-PHS1500 实现全球首发；首钢 20SW1200H 和 ESW1230 两款新能源汽车用电工钢产品实现全球首发；河钢舞钢 170mm 厚高等级海工钢实现全球首发；兴澄特钢全球首创 2200MPa 级超高强度桥梁缆索用热轧盘条产品，填补世界空白；世界最大厚度（190mm）耐磨钢板，2300MPa 级高强钢绞线在高铁箱梁破坏性试验中创世界加载记录。

## 3.5 钢铁企业情报机构发挥重要作用

### 3.5.1 首钢情报信息机构

首钢信息研究所紧密围绕钢铁行业发展态势和首钢转型发展所面临的竞争环境，积极融入国家战略，围绕首钢集团提升创新能力、对标缩差、打造成本优势、质量优势、产品优势、技术优势、服务优势，开展竞争情报、技术情报、专利情报等研究，稳步推进情报工作"支撑战略发展"和"支撑科技研发"，实现科研引领和决策参考作用。情报工作初步形成了自有品牌，在首钢制定技术创新战略、加快科技创新，实现从"跟随"到"领跑"的转型升级中发挥了不可或缺的作用。

3.5.1.1 科技情报工作支撑了首钢重大战略的制定和实施

在竞争向纵深发展的同时，科技情报对企业战略决策的重要性不断提升。一直以来，首钢信息研究所围绕首钢发展中的重大问题、热点难点问题，开展前瞻性、战略性和储备性的情报对策研究，先后完成了多项新产线可研分析，技术发展趋势分析及产品市场预警分析等研究报告，提出专业化、建设性的建议，为集团顶层设计及重大战略决策的制定提供情报支撑。

在首钢搬迁调整时期，围绕京唐、迁钢、首秦等新基地建设中产线的选型、产品的定位等重大决策，首钢信息研究所开展了大量的设备、工艺、产品、市场调研，先后参与了"首钢钢铁基地精品长材建设""曹妃甸钢铁公司预可行研究""首钢首秦的产品结构定位""迁安二期工程连铸机选型"等方案的制定工作，完成了近百份调研报告，多个报告获评集团成果及科学技术奖。其中，针对首钢搬迁调整、产品结构从以长材为主向板带转移过程中必须面对的产品定位和板带技术来源的问题，通过对目标市场的预测、竞争对手的分析以及板带生产关键技术来源的分析，制定出首钢新建项目市场竞争策略，提出了技术来源合作方式的解决建议，为首钢顺利实现产品结构调整和发展策略提出了有效的解决方案。该项目获首钢科学技术奖三等奖。

围绕北京市汽车工业的发展规划以及集团将汽车用钢作为今后品种开发的目标，首钢情报人员开展了汽车用钢技术及市场调研工作，对首钢未来开发汽车用钢品种、规格、质量和工艺进行了分析，并对汽车用钢市场进行了预测，提出了首钢汽车钢产品开发建议方案，完成的"北京发展汽车用钢技术与市场研究报告"获北京市科学技术奖二等奖，"汽车零部件用钢生产与市场分析"北京市科协系统优秀调研成果奖。

### 3.5.1.2　科技情报工作支撑了集团规划的制定

技术创新是企业发展的不竭动力，首钢高度重视科技创新工作，不断加强创新体系建设，创新活力得到持续释放。自2005年以来，首钢信息研究所参与了集团"十一五"至

"十四五"技术创新规划的制定，2020年，首钢情报人员紧密结合首钢现状，开展了"首钢'十四五'产品技术竞争环境研究"项目，深入分析了首钢所面临的机遇和挑战，提出了应对"十四五"期间复杂竞争环境、技术发展趋势、市场变化的措施，研究内容及建议方案被分别纳入《首钢集团"十四五"技术创新规划》和《首钢股份"十四五"发展规划》中，该项目获首钢科学技术奖三等奖。

产品是企业的根本，品牌是企业的未来。2010年以来，首钢信息研究所与研发团队合作，追踪下游用户需求及材料应用变化，先后完成了"首钢产品深加工发展规划""首钢产品开发指南""首钢钢铁业产品发展规划""首钢北京地区高端金属材料发展规划""首钢产品和关键技术的中长期规划"等项目，为首钢积极应对市场变化、早日谋划品种研发方向，优化产品结构，掌握市场主动权提供解决方案。在品牌建设上，首钢信息研究所通过分析国内外重点企业品牌建设情况，首钢品牌存在的问题，提出了品牌产品的保障措施及支撑条件，制定了品牌战略实施方案，完成的"首钢品牌产品发展战略实施方案"得到集团的充分肯定并落地实施。

### 3.5.1.3　科技情报工作支撑了企业竞争力的提升

对标管理是企业明确未来发展方向、缩短与先进企业差距、提升企业核心竞争力的有效工具，情报收集与分析贯穿了对标管理的整个流程。2002年，首钢首次开展对标情报研究，2003年就完成了涵盖首钢炼铁、炼钢连铸及中板等产品5个技术经济指标对比分析报告，从生产水平、管理水平到装备水平多角度进行剖析，这套指标分析资料成为了当时公司领导决策、企业技术改造的必要参考文献之一。

近年来，首钢信息研究所围绕欧美、日韩以及国内先进企业，持续开展技术经济指标、财务指标、产线装备等多维度对标比较研究，分析首钢差距，预测潜在威胁，完成了近百项研究报告。其中围绕产品技术创新，质量提升，完成了2016—2021年《全球钢铁企业竞争力分析》《先进钢铁企业产品高质量发展和经营对标分析》等系列报告。持续推进与日韩等先进企业的对标分析，初步建立了厚板/热连轧产品、汽车板、电工钢和镀锡板等重点热轧冷轧产品产量对标数据库，通过对标研究，借鉴先进企业新产品开发管理做法，辅助首钢钢铁产品和解决方案综合能力的提升，助力建立首钢产品先期质量策划（APQP）系统，强化产品全周期管理。

### 3.5.2　宝钢情报信息机构

宝钢情报中心代表公司承担企业情报管理职能，从不同维度构建情报服务体系。

（1）开展情报意识培训。针对新入职员工专门进行企业竞争情报意识和技能的培训，提升全员情报意识与素养。

（2）制定情报管理制度。代表公司制定《情报工作管理办法》，承担公司情报管理业务，管理出国团组获取的信息情报调研报告。

（3）规范情报工作流程。根据公司"PDCA＋认真"的工作要求，构建从需求辨识、信息采集、数据处理、报告撰写、用户反馈、提升完善、知识共享的宝钢情报工作流程。

（4）搭建情报服务平台。结合"以用户需求为牵引"的情报工作定位，设计并搭建了面向全集团提供服务的宝钢情报服务平台，提升宝钢情报研究能力。

（5）开展情报能力建设。利用内外部学习和交流的机会培育公司情报服务与研究能力，包括竞争情报新技术新工具的学习和交流，情报服务模式交流探讨等。

（6）完善情报工作网络。保持同国家、地方各级信息与情报学会的沟通与联系，加强与内部相关部门的交流与共享，构建内外情报工作网络，提升企业情报在行业内外部的影响力。

"以用户为中心，以需求为导向"是宝钢情报工作开展的基础，随着公司内部的转型及外部环境的变化，如何从海量的信息资源中帮助用户快速准确地定位到需要的信息成为情报中心信息资源研究的方向。在分析信息资源平台建设的不同阶段的基础上，结合大量的用户需求调研，宝钢情报中心于2014年12月建成宝钢情报服务平台，为全集团公司用户提供信息、资源、知识、情报的共性及个性化服务。

宝钢情报服务平台具有较强的资源整合能力、知识发现能力与情报跟踪能力。为全集团公司用户搭建了海量信息仓储平台、信息资源整合平台、知识发现平台，同时也是一个可以提供专业信息资源检索、专业信息跟踪与专业情报资源提供的平台。用户可以通过平台进行一键式跨库检索，每天关注钢铁新闻，随时进行专业数据库检索，分享专题库的情报研究成果，还可以进行个性化定制并定期、不定期获得各类推送信息和情报。平台服务贯穿于研发与生产的各个不同阶段，结合不同阶段需求提供不同服务方式，通过实践，得到全集团各层面各公司用户的一致好评。

2010年，宝钢实施了"金苹果计划"。改变过去研发团队跟着项目走，项目研发完成后团队随之解散的状况。"金苹果计划"是以一个个领域为研究方向，金苹果领域团队的研发创新不再为单个项目所限，领域团队的研发目标是要带领该技术领域走向世界前沿。为了贴合宝钢"金苹果计划"，宝钢技术情报研究的专题性分工修正为专职情报人员作为联络员对口各金苹果领域团队，专项负责并支撑各金苹果领域团队的情报需求。与开展初期相比，这个阶段的技术情报研究更加聚焦、系统、前瞻、深入。该阶段的工作侧重是支撑情报用户更好地了解该技术领域的最新发展动态信息、技术前沿性信息等，以及通过专利分析等方法支撑用户更好地进行产品工艺研发等。

## 3.6 钢铁工业科技成果展示

"十三五"以来，钢铁工业坚持"创新、协调、绿色、开放、共享"的新发展理念，广大科技工作者深入学习领会和自觉践行习近平总书记关于科技创新的重要论述，深刻理解"创新驱动是国策，发展是第一要务，人才是第一资源，创新是第一动力"的科学内涵和"把科技发展主动权牢牢掌握在自己手里"的重大意义。强化自主创新，在关键核心技术、基础研究、高端产品、绿色低碳、智能制造等领域取得突出成果。钢铁企业与科研院所、相关机构加强协同，优势互补，深化了产学研用协同创新的模式，在新材料、新领域等方面取得突破，涌现了大量科技创新成果，培养了一大批行业内高端科技人才，很好地支撑了我国钢铁工业的高质量发展。

为展示钢铁工业科技创新成果，激发科技创新热情，冶金工业信息标准研究院承办的中国钢铁工业"十三五"科技创新成果展于 2020 年 7 月底正式启动，成功举办沙钢站、陕钢站、松阳站、广西站、唐山站、攀枝花站等全国线下巡展活动、线上云展厅。"十三五"科技创新成果展系列活动受到了行业高度重视，引发社会各界热烈反响，对钢铁行业来说是一件非常有意义的事情。

配合成果展出版《中国钢铁工业"十三五"科技创新成果汇编》，将部分优秀科技创新成果梳理集结成册，是对"十三五"以来我国钢铁工业科技创新工作的全面总结，旨在向社会各界宣传和展示钢铁行业科技进步，促进行业交流互鉴，为聚力科技创新、圆梦钢铁强国尽应有之力。

# 4 "互联网+"助力钢铁高质量发展

## 4.1 "互联网+"促进钢铁企业数字化

### 4.1.1 企业情报信息平台建设提速

工业互联网作为新一代信息通信技术与制造技术融合的产物，在钢铁行业的数字化、网络化、智能化发展中正逐渐发挥出核心支撑作用，助力钢铁行业实现提质、降本、增效，打造绿色、安全的生产体系。

2022年1月20日，工业和信息化部、国家发展和改革委员会、生态环境部联合发布了《关于促进钢铁工业高质量发展的指导意见》（工信部联原〔2022〕6号）。文中指出："大力发展智能制造，开展钢铁行业智能制造行动计划，推进5G、工业互联网、人工智能、商用密码、数字孪生等技术在钢铁行业的应用，在铁矿开采、钢铁生产领域突破一批智能制造关键共性技术，遴选一批推广应用场景，培育一批高水平专业化系统解决方案供应商。开展智能制造示范推广，打造一批智能制造示范工厂。建设钢铁行业大数据中心，提升数据资源管理和服务能力。依托龙头企业推进多基地协同制造，在工业互联网框架下实现全产业链优化。鼓励企业大力推进智慧物流，探索新一代信息技术在生产和营销各环节的应用，不断提高效率、降低成本。构建钢铁行业智能制造标准体系，积极开展基础共性、关键技术和行业应用标准研究。"

2022 年 4 月 13 日，工业互联网专项工作组办公室发布《工业互联网专项工作组 2022 年工作计划》（工厅信管〔2022〕256 号）。文中指出："在钢铁行业企业组织开展'工业互联网+安全生产'试点建设，建成粉尘涉爆企业安全生产风险监测预警系统，探索建立粉尘涉爆企业安全风险监测预警工作机制"，并且要"加快《工业互联网与钢铁行业融合应用参考指南》宣传推广，组织制定钢铁行业工业互联网应用标准"。

钢铁企业科技信息服务平台用来为钢铁企业提供战略决策支持，促进提高企业的核心竞争力，信息服务平台主要基于信息采集、智能检索、语义分析、文本挖掘等核心技术，对企业自身、竞争对手和企业外部环境的信息进行收集、存储、处理、分析和应用。信息服务平台以人工智能为主导，以信息网络为手段，以增强企业竞争力为目标，功能完备的企业科技信息服务平台可以充当企业的预警系统和决策支持系统。

### 4.1.1.1 新时期企业科技信息服务平台建设助力企业高质量发展

历经多年的发展，大多数钢铁企业积累了一系列有价值的信息资源，并围绕市场拓展和科技研发等业务开展了一系列信息研究工作。但是，面对日益严峻的行业形势，一些钢铁企业在战略研究、市场研究、技术创新、竞争对手研究等诸多层面，以及在信息获取、信息分析、信息共享、信息管理等环节，依然缺乏有效的信息资源和方便快捷的工具支持，这在一定程度上影响了钢铁企业的信息敏感度和决策制定执行效率。如何更为全面、快捷、有效地把握产业政策、行业动向、了解竞争对手、洞察市场机会、寻求技术创新，为企业提供创新决策支持，成为一些钢铁企业面临的问题。

国内企业大约在 2000 年开启了一波信息平台建设的热潮。在钢铁企业中，宝钢是开展情报服务平台建设比较早且比较成功的钢铁企业。钢铁企业通过科技信息服务平台建设能够促进信息资源整合，有效积累和管理企业数据资产，降低重复采购成本，通过构建信息服务平台，能够促进信息资源、情报方法和先进工具的一站式集成，促进信息资源跨部门推广及应用，借助先进的信息技术手段，减少情报人员在低价值信息加工环节中的精力投入。

总之，企业科技信息服务平台能够帮助企业了解外部环境、分析竞争对手、提供市场预警、辅助企业制定决策、帮助企业捍卫自身信息安全，长期来看必将带来不菲的社会效益和经济效益。面对当前日益严峻的行业形势，钢铁企业有必要通过建设比较完备的科技信息服务平台来促进企业核心竞争力的提升。

### 4.1.1.2 钢铁企业科技信息服务平台建设方案

目前，国内已经逐渐有越来越多的钢铁企业开始意识到企业科技信息服务平台建设的重要性。

钢铁企业在制定企业科技信息服务平台建设方案时，普遍是在初期制定一个小目标，实现最基本的信息需求，后期一边建设，一边搜集新的建设需求，同时修正前期的部分需求，减少平台建设经费投入的压力和风险外，更重要的是通过前期的建设，平台建设的需求方和系统开发方都可以积累丰富的平台建设经验，使得平台建设需求、软件系统开发成果与实际的用户需求不断的契合。

情报研究人员将情报服务发展历程划分为文献服务阶段、信息服务阶段、知识服务阶段以及智慧服务阶段。相应地，结合企业信息服务平台建设实践，企业信息服务平台的建设分为以下几个阶段。

（1）基础建设阶段。该阶段最重要的是梳理并明确企业的信息需求，通过软硬件设施搭建构建信息门户，在系统内整合企业内外部数据资源，通常企业还会提出单点登录、深度搜索、资源发现、通过对文献重新组织构建领域专题等需求，但该阶段通常以提供基础文献服务为主。

（2）能力提升阶段。在该阶段通常会对前期的需求进行进一步修正和完善，并结合前期系统运行情况和实际业务需求，提出和挖掘新的平台建设需求。通常企业会对前期大量整合的数据资源进行梳理、分类、去粗取精，增加新的优质资源，对部分栏目进行调整优化，结合企业决策的需要、行业热点等提出更多的专题定制需求。有条件的企业还会在元数据层面对数据进行关联，发现新的知识，通过系统进行文献计量统计、关联分析、舆情监控等，还可在系统中通过预置模板快速生成信息简报或信息产品，也有企业会根据用户行为进行用户画像，以提供更加精准的信息服务的需求；部分企业还会根据需求提供微信等多终端信息服务。目前，多数钢铁企业科技信息服务平台建设现状位于这一阶段。

（3）知识服务阶段。少数具有良好信息服务平台建设基础的企业，会在系统内尝试提供浅层次的知识服务。将信息资源按知识的语义和逻辑关系进行有序化，从而为信息资源的内容处理提供了语义层面的支撑，通过知识组织、知识挖掘、模型预测等构建知识服务模块。

（4）智慧情报服务阶段。在未来，企业希望科技信息服务平台能够与更多的业务系统、生产系统等多个系统深度结合，通过知识融合、机器学习等技术将各种显性和隐性知识进行智能化提炼，最终由系统为用户提供技术解决方案。

冶金工业信息标准研究院经过长期的应用实践，结合目前大多数钢铁企业在信息服务平台建设过程中所处的阶段，总结出了一套成熟的适合于钢铁企业科技信息服务平台建设通用解决方案——MIS 系统（Metallurgical Information System）。MIS 系统通用功能模块如图 4-1 所示。

通过对钢铁企业信息需求进行调研和总结，在 MIS 系统中设计了 10 个前台用户应用模块及 1 个后台管理模块。10 个前台用户应用模块分别为行业动态、政策法规、重点企业、科技文献、自建专题、研究报告、统计数据、情报产品、资源导航、内部数据。后台管理模块包括系统配置、资源管理、专题管理、角色管理、用户管理、爬虫配置、采编发系统、模板管理、分类管理、词典管理等功能。在实际开发过程中，各个模块可以单独建设。针对企业个性化功能需求，还可以进行定制化开发。

其中的"重点企业"模块通过对目标企业进行跟踪和分析，帮助企业了解竞争对手或上下游企业情况。构建"重点企业"模块时首先需要构建所关注企业的机构树，例如追踪"中国宝武"的信息时，"宝武钢铁集团"的下级机构"宝钢股份""武钢集团""八一钢铁""鄂城钢铁""宝钢特钢"等都应该是追踪的对象。在本模块中，"企业动态"的数据来源至少包括企业官网信息、企业微信、微博等社交媒体信息，第三

**企业科技信息服务平台门户（通用样例）**

- **行业动态**
  - 领域分类：炼铁、炼钢、轧钢、制品……
  - 企业跟踪：宝武、鞍钢、JFE、浦项……
  - 新闻热点
  - 数据来源：协会、学会、政府、企业、新媒体……
  - 信息简报
  - 检索排序
  - 订阅推送
- **政策法规**
  - 领域分类：炼铁、炼钢、轧钢、制品……
  - 发文机关：发改委、工信部、环境部……
  - 颁布时间
  - 政策简报
  - 检索排序
  - 订阅推送
  - 相关政策
- **重点企业**
  - 企业跟踪：宝武、鞍钢、JFE、浦项……
  - 企业动态
  - 统计数据：产能、产量、技经指标
  - 上市报告
  - 公开文献
  - 最新专利
  - 科技成果
  - 项目信息
- **科技文献**
  - 知识导航：炼铁、炼钢、轧钢、制品……
  - 文献类型：期刊、会议、学位、标准……
  - 深度搜索：简单、高级、语义检索……
  - 聚类统计
  - 批量导出
  - 订阅推送
  - 在线预览
  - 相似推荐
- **研究报告**
  - 出版机构：CRU、AME、MB、WSD……
  - 报告类型：技术、市场、成本……
  - 批量导出
  - 订阅推送
  - 在线预览
  - 相似推荐
  - 原文获取
- **自建专题**
  - 灵活配置：主题自定义、模板自配置
  - 企业动态
  - 统计数据
  - 产能、产量、技经指标
  - 公开文献
  - 最新专利
  - 科技成果
  - 项目信息
- **统计数据**
  - 领域分类：炼铁、炼钢、轧钢、制品……
  - 企业数据：宝武、鞍钢、JFE、浦项……
  - 数据来源：协会、各国统计局、海关……
  - 统计简报
  - 批量导出
  - 可视化
  - 筛选对比
- **情报产品**
  - 内部情报：报告、简报、手册、汇编……
  - 外部情报：企业跟踪、产线动态
  - 原文获取
  - 在线预览
- **资源导航**
  - 资源分类：提供商、付费方式、访问方式……
  - 资源链接
  - 资源简介
- **内部数据**
  - 文件管理
  - 质量标准
  - 检验规程
  - ……
  - 全文检索
  - 权限控制
  - 预览下载
  - 权限控制
- **后台管理**
  - 系统配置
  - 资源管理
  - 专题管理
  - 角色管理
  - 用户管理
  - 爬虫配置
  - 采编发
  - 模板管理
  - 分类管理
  - 词典管理
  - ……

图4-1 MIS系统（Metallurgical Information System）通用功能模块

· 101 ·

方网站报道的与企业有关的动态等，有条件的还可以搜集专业数据库收录的企业动态信息。在本模块中，"统计数据"中可收录各级行业协会等公开的统计报表数据，地方政府、统计局、海关、工业园区等网站的公开数据资讯，企业在自己的官网、社交媒体等公开的数据资讯，上市企业还会在上市公司定期报告中披露各种统计报表等，还应尽量收录一些专业数据库提供的各种统计报表，以及从企业所发表的科技文献、会议报告等文献中挖掘出来的统计数据。若跟踪的企业为上市公司，其在企业官网以及证券交易所等网站所披露的定期报告是必须重点关注的内容。从企业在各种期刊、会议文献上公开的科技文献中，以及专利管理机构公开的专利公开公告文本中，通过文献计量统计、文本分析、专利分析、关键词关联分析、作者机构合作关系分析等，可以挖掘出企业的研发热点、研发趋势、研发团队等大量的有用信息。企业的科技成果、项目信息可以从企业官网、成果奖励申报网站、各种招投标信息公示网站、专业项目信息数据库等获得。

其中的"内部数据"模块通过对企业内部数据元数据进行整合，可以实现对各种文档采集、索引、检索和管理一体化，对文档资源的管控可以突破时空限制，在分级权限管理的前提下，用户可以随时随地查看、修改、上传文档，让跨部门、跨地区资源共享更简便、容易，节省归档和检索时间。"内部数据"模块还可以根据实际需要对企业内部文档进行全文索引实现全文检索。MIS 系统对企业内部文件进行整合时支持近 400 种常见的文档类型，支持 http、ftp、https 等协议访问，支持关系型数据库（Oracle、DB2、SQL Server、MySQL）及其他类型的 JDBC 数据库数据的采集，对 SAP、MS SharePoint 等常见系统提供连接器接口支持，确保内部数据的采集与整合，还可以根据数据整合的实际需要，开发定制化连接器 API。

情报软件+咨询规划将会成为未来信息服务平台的主要建设模式，能够帮助企业了解外部环境、分析竞争对手、提供市场预警、辅助企业制定决策、帮助企业捍卫自身信息安全。面对当前日益严峻的行业形势，钢铁企业有必要通过建设比较完备的科技信息服务平台来促进企业核心竞争力的提升。

## 4.1.2 钢铁企业官网建设进入新阶段

钢铁行业机构官网是展现企业、研究机构、事业单位、高校等机构相关信息的网站，可以用于展现机构面貌、陈列产品、对外宣传、提供信息等服务。从情报信息获取角度来看，从官网获取信息是一个重要的信息渠道来源之一。

对中国钢铁工业协会单位会员名单（2020 年 7 月版）中公布的 382 家国内机构，以及世界钢铁协会发布的 2020 年主要钢铁生产公司粗钢产量排名前 50 位中的 21 家国外机构的官网进行分析。通过统计可知，在 382 家国内机构中，有 295 家机构开通了官网，占 77.23%。通过域名信息查询可知，国内机构官网中 72.96% 的网站域名年龄在 10 年以上，54.51% 的网站域名年龄在 15 年以上，25.75% 的网站域名年龄在 20 年以上，域名平均年龄 14.17 年，最长的 25 年。

通过统计还可以看出，钢铁企业机构官网内容更新比较及时，超过一半的网站在 1 个月内内容有更新。绝大部分机构网站一级导航栏目数量为 6~10 个，有少量网站一级导航栏目数量超过 10 个，个别网站一级导航栏目数量超过 20 个，栏目数量设置丰富。从栏目内容设置上看，国内外钢铁行业机构官网内容设置都比较丰富，并且很多网站提供多语种浏览功能，比较重视母语地区之外的市场推广。大部分网站响应时间在500ms以下，总体来看，用户体验良好。移动互联网时代用户很多时候会通过移动端浏览网页，如果网站同时具有移动端自适应页面，则会给用户带来更便捷的体验。统计表明，有40.25%的钢铁企业机构官网同时还具有移动端自适应页面，大大方便了用户在移动端使用。

## 4.2  钢铁行业融媒体蓬勃发展

### 4.2.1  钢铁行业开启融媒体建设

多年来，随着科技进步及网络的飞速发展，媒体行业也迎来了重大的变化，不同媒体之间的界限越来越模糊，不同媒体之间互相融合促进已成为新时代下媒体行业的发展方向。互联网技术、数字技术以及广播技术的高效发展推动了我国媒体行业中各个媒介的融合，我国融媒体时代已经来临。

融媒体是多种不同媒体的有机整合，既包括报纸、杂志、电视等传统媒体，也包括网络媒体、新媒体等新兴媒体。其是在传统媒体与新兴媒体的有效融合下，发挥各自的主要优势，完成全新媒体的创建。融媒体的出现改变了传统媒体的传播规律，人们可以通过各自喜欢的新闻媒介来获取感兴趣的新闻信息。融媒体主要分为平面媒体、无线电波媒体和网络媒体三种。平面媒体主要包括报刊等传播媒体，无线电波媒体包括广播、电视等传播媒体，网络媒体是在基于互联网的技术平台上传播的所有媒体，包括网站、移动电话、互联网移动终端等。

如今的数字技术不仅改变了大众媒体获取信息的时间、空间和成本，还为产业融合在通信、出版和广播行业中的出现提供了重要的技术支持。电信、广播、电视、出版等数字技术的开发，越来越受到多媒体、跨媒体、综合媒体研究的关注。钢铁行业融媒体的发展共经历了以下几个阶段。

### 4.2.1.1 第一阶段，传统媒介的上网阶段（1995—2008 年）

网络媒体作为传统媒介的一个传播的渠道，主要充当纸媒的延伸渠道，真正的网络媒体是基于互联网的，其快速发展应该是在我国接入国际互联网之后。1994 年 4 月 20 日，中国实现与国际互联网的第一条 TCP/IP 全功能链接，成为互联网大家庭中的一员。但中国网络媒体的起步却在尚未接入国际互联网就开始了，1993 年 12 月 6 日，《杭州日报·下午版》通过该市的联机服务网络——展望咨询网进行传输，从而拉起了中国报业电子化的序幕。

随着网络应用越来越成熟，1998—2001 年，网络新闻开始逐渐往专业化、独立化方向发展，以四方利通（新浪网）为代表性事件，网站越发独立，大量的独立门户网站出现，形成了四大门户网站格局，这一时期，钢铁行业《中国冶金报》《世界金属导报》等媒体也开始建立门户网站，冶金信息网、中国炼铁网等行业专业网络媒体也随之诞生。

2002—2008 年，一个新的传播形式——博客迅速蔓延并成为新的讨论热点，但这期间行业报刊在其中发挥的媒介传播作用相对较小。

以上这些报刊及网络媒体发展，尤其是《世界金属导报》等专业类刊物对部领导同志研究冶金工业发展新动向、新问题，研究国内外钢铁产品标准新动向，提供了专门资料。报刊对行业认真宣传贯彻执行党和国家的路线、方针、政策，对原冶金工业部等国家部门制定冶金行业发展政策，建立、调整、改革冶金工业的生产关系，持续建设、改造、革新冶金工业的生产力，从旧中国近代落后冶金技术装备转变为新中国现代先进冶金技术装备，形成了宏大而完整的冶金工业工艺和门类结构体系，竭力推进新中国现代冶金工业的崛起做出了重要贡献。

### 4.2.1.2 第二阶段，行业融媒体初始发展阶段（2009—2013年）

2009年2月18日，据中国互联网信息中心（CNNIC）发布的《手机媒体研究报告》显示，截至2008年底，中国手机用户已超过6.4亿户。媒介领域普遍认为，受众人数达到人口数的25%的媒介才能冠以"大众"，拥有如此庞大的手机受众，并伴随着手机技术的迅猛发展，手机已经从单纯的通信工具演变为手机媒体，其"第五媒体"的地位也越来越受到媒介和大众的认可。手机媒体凭借与生俱来的传播优势，迅速实现手机媒体化进程，手机报是促使手机媒体化的强大推动力，成为手机媒体化进程的"分水岭"。手机报就是整合传统纸媒的新闻信息，通过无线技术平台发送到用户手机上，使用户可以随时随地用手机查阅新闻的一种无线增值业务。

2008年，苹果推出iOS系统环境下的App Store，最初其中只有500个App应用。在同一年，HTC公司出产了史上第一款安卓系统手机G1，自此安卓手机中的App应用软件就开始了安卓系统下的井喷式发展。App从最初仅适用于iOS系统到各种安卓系统下的爆发，仅三年时间就增长到超 50 万个。可以说，在 2000—2010 年的十年间，App 处在几何倍数增加的野蛮生长状态。2012 年 8 月，微信正式推出微信公众号，微信公众平台正式向普通用户开放；2013 年 8 月，微信公众平台为了更好地为用户服务，将微信公众号分为了服务号和订阅号。这期间，以《中国冶金报》《世界金属导报》等行业媒体为主体，开始筹划开发手机 App 端，并在 2013 年建立微信公众平台订阅号。

### 4.2.1.3　第三阶段，行业融媒体快速发展阶段（2014 年至今）

2014 年以来，短视频成为社会化自媒体生产重要形式，短视频的出现最初源于传统门户和网络视频分享网站，短视频发展逐渐改变网络舆论生态格局。栾轶玫于 2014 年 12 月 27 日在《光明日报》刊发了《建议用"融媒体"代替"全媒体"》一文，紧接着《光明日报》成立融媒体中心、开辟融媒体版面。2017 年 3 月 22 日，时任中共中央政治局常委、中央书记处书记刘云山在人民日报社调研，融媒体概念首次被官方公开使用。

这期间，《中国冶金报》《世界金属导报》等行业媒体形成以报纸纸媒、中文网站、App 客户端、手机报、数字报、微信、微博、头条号、搜狐号、抖音、快手、微信视频号等立体多样、融合现代传播体系的全媒体资源平台；在行业和企业中树立了良好的品牌形象，成为中国行业影响力大、覆盖范围最广的钢铁行业专业媒体平台。

### 4.2.2　钢铁融媒体助力行业发展

"融合媒体"是充分利用媒介载体，把广播、电视、报纸等既有共同点，又存在互补性的不同媒体，在人力、内容、宣传等方面进行全面整合，实现"资源通融、内容兼融、宣传互融、利益共融"的新型媒体。融合媒体是全媒体功能、传播手段乃至组织结构等核心要素的结合、汇聚和融合，是信息传输渠道多元化下的新型运作模式。在媒体融合势态下，传统媒体将与互联网、移动互联网等新兴媒体传播渠道有效地结合、实现资源共享、集中处理，能衍生出多种形式的信息产品，多渠道广泛地传播给受众。

中国钢铁工业协会主办的《中国冶金报》形成了卓越品牌、优秀品牌、国际竞争力十强品牌、绿色发展标杆品牌、优秀产品品牌等品牌体系，搭建了高质量发展高峰论坛、绿色发展高峰论坛等高层次发布和交流平台。共组织了多次"品牌钢铁 TOP"点赞活动，利用报纸、网站、微信、App 等，重点以图片、文字、视频相结合的方式，向全行业全面展现当代钢铁企业的品牌形象，每年都吸引了数十万人次参与；通过《绿色钢企万里行》栏目，宣传报道了近百家企业在环境治理方面的努力与措施，推出了一批企业典型经验；每年 6 月 5 日是"世界环境日"，这一天推出"绿色钢铁"特刊，并通过旗下的新媒体平台进行网络投票，选出公众心目中的"最美钢城"和绿色标杆企业，对绿色标杆企业进行大力宣传，每年都有上百万人参与活动；开设《品牌营销》（后改为《品牌品种》）专版，每年 50 期，平均每期报道超过 10 条信息，全年超过 500 篇；在中国钢铁新闻网开设《品牌联盟》专栏，与 50 多家优秀企业建立链接，着重品牌和品种方面宣传，对钢铁行业塑造正面形象起到了很好的引领作用。

冶金工业信息标准研究院主办的《世界金属导报》发起了

"聚焦中国钢铁，感受品牌力量"活动，征集、遴选和报道1949年以来最具全球影响力的中国钢铁故事，通过认真遴选和深入采访报道，大力宣传中国钢铁自主品牌，讲好中国钢铁故事；以《交通基础设施重大工程建设三年行动计划》中交通基础设施重大工程建设钢筋为对象，综合分析有关钢铁企业供应的钢筋等钢材品种、质量、数量、服务以及建设效果等，开展"重大工程用钢筋品牌展"活动，通过深入报道形式，挖掘背后故事，展示品牌价值；开展了"中国钢铁工业'十三五'科技创新成果展"，完成全国六地巡展，出版《中国钢铁工业"十三五"科技创新成果汇编》，向社会各界宣传展示中国钢铁工业"十三五"科技创新成果，宣传行业品牌、企业品牌、科技创新品牌，凝聚更多社会共识，增强行业发展信心，促进行业科技创新。

《世界金属导报》成立"世⁺融媒体工作室"，深耕钢铁行业发展，创新宣传模式，全方位、多角度、深层次做好行业宣传，讲好钢铁故事，传播钢铁声音，提升公众认知，引导市场预期，增进社会了解，努力改善钢铁形象，为行业稳运行、谋发展营造良好的舆论氛围和外部环境。

# 5 情报信息领航钢铁扬帆新征程

近年来，我国钢铁工业没有停止工艺技术升级的脚步，宝钢无缝钢管在线冷却技术开发成功，沙钢 Castrip 成功运营、兴澄特钢超大规格高品质能源用钢板高效低耗制造技术创新及应用、中冶京诚不锈钢盘卷固溶热处理技术装备实现世界领先、中冶长天新一代低碳低成本回转窑处置含锌尘泥工艺技术实现工程化应用、中冶南方智慧高炉整体解决方案正式发布等。钢铁强国全面建成的征途上，都离不开情报信息支撑的烙印。

## 5.1 中国钢铁行业情报信息工作未来展望

### 5.1.1 行业图书馆智慧化

随着信息技术与图书馆领域的深度融合，图书馆从以收藏纸质资源为主、通过实体馆舍提供到馆服务的传统图书馆，发展到今天以收藏数字资源为主、通过建设信息系统提供远程服务的数字图书馆，未来，图书馆还将保持虚拟化的趋势，依靠知识组织，借助数字智能为用户提供智慧服务，向着智慧图书馆的方向发展。作为专业图书馆，冶金行业图书馆是钢铁情报信息的集散地、传播枢纽，也必将在新时期、新环境下为更好满足行业需求转型为新型智慧图书馆。

### 5.1.1.1 数据驱动，实现数字化

数字化是智慧化的前提和基础，党的二十大报告提出加快建设"数字中国"的任务，则为冶金行业图书馆的中期发展指明了方向。在信息化已经取得一定进展的今天，图书馆的全面数字化仍是发展过程中的一个阶段性目标。经过多年的信息化，图书馆积累了大量内外部数据，而数字化的本质就是通过对数据的分析和洞察，找到业务、运营、组织等的发展方向，实现资源与服务的深度融合，提升用户体验和服务效率。数字化图书馆需要扁平化、多元化的组织以快速应对不断变化的业务；需要从资源导向转变为数据导向，业务发展围绕数据需求展开；需要发挥数据在管理中的作用，注重数据的收集、协同与驱动，基于数据进行管理与决策，推动图书馆服务创新；需要具备数据思维的数字化人才，以确保把握图书馆数字化的战略方向与实施路线。

### 5.1.1.2 技术赋能，推动智慧化

云计算、5G 网络、区块链、物联网、人工智能等新技术的兴起与进步，是图书馆行业发展的重要驱动力量，智慧图书馆的建立离不开这些核心技术的支撑。5G 技术与智能互联网、物联网、云存储等联动，可实现多设备群体协同与深度人机协作、实现基于用户画像的个性化服务、实现多终端与多媒体相结合的阅读体验；人工智能技术为知识精准发现、信息个性推荐、文献智能挖掘等提供有力技术支撑；区块链技术在各馆、数据供应商等单位的信息互联互通、资源协同共享、数字资源身份认证等方面的应用可满足智慧图书馆信息共享的多种需

求；虚拟现实技术在图书馆引导、远程模拟参观、虚拟场景立体展示资源等方面带来沉浸式体验。面对用户群体更加专业的科研人员和行业用户，用户对智慧服务的需求更加迫切，冶金行业图书馆的智慧化转型是一种必然。依托新技术，由图书馆资源、馆员、用户、服务、环境构成的智慧图书馆新型生态系统，将更好地实现智慧服务的核心宗旨。

### 5.1.1.3 国家级专业馆引领，带动全行业各馆转型

目前，我国冶金行业图书馆体系主要由国家级专业馆、地方图书情报机构和企业内部图书情报机构三个层级构成。在探索冶金行业图书馆数字化、智慧化转型的过程中，以国家冶金图书馆为代表的国家级专业馆起到了引领作用。

依托冶金工业信息标准研究院，在国家科技图书文献中心指导下建设的国家冶金图书馆，立足冶金行业发展，长期搜集、整理相关学科的外文文献，形成了具有行业特点，以冶金、矿业、工程材料三大学科为核心的馆藏体系，用户覆盖国家部委、行业企业、科研院所等单位和科研人员。在我国冶金工业经济由量到质的转变进程中，创新是能力建设的根本，靠的是"技术+市场"的双驱动，基于对国内冶金工业发展环境和用户需求的判断，国家冶金图书馆均衡技术文献和市场文献的收藏比重，文献内容覆盖从技术研发到产业化的各个环节，建立起"生产、研究、应用"深度融合的科学文献信息资源体系。对于国内高校图书馆、公共图书馆市场类资源收藏较少的情况，国家冶金图书馆持续收藏冶金行业技术动态、商情资讯、上下游产业链相关文献，补充行业发展所需的高质量科技文献，不断提高馆藏文献的系统性。

随着技术的发展，国家冶金图书馆在资源数字化、服务智慧化等方面做了有益尝试。为做好冶金行业的国家科技文献信息保障，国家冶金图书馆继续坚持印本资源与数字资源并举的资源建设策略，目前数字资源已占到年资源采集总量的 75%，并通过系统进行保存、服务。为满足行业共性信息需求，在文献挖掘基础上，建设了"情报资讯""科技文献""统计数据"三大自建数据库，开发了"市场信息快讯""技术月刊""政策法规月刊"等一系列情报信息产品。为满足用户个性化深度信息需求，整合内外部数据，搭建企业专属的信息情报系统，聚焦企业密切相关的政策、市场、科技信息，提供"政策跟踪""竞争对手跟踪""热点专题跟踪""标准""对标""标样"等系列增值情报信息服务。

展望未来，国家冶金图书馆将逐步实现组织、管理和人员的全面数字化，各项工作以数据为导向，在信息精准发现、信息个性推荐、关键信息自动抓取、数据真伪自动诊断、高质量报告自动生成、系统互联互通、跨机构资源协同共享等方面有所进展，积极推进智慧化，发挥国家馆示范作用，引领冶金行业各馆平稳有序地完成智慧化转型。

## 5.1.2 行业媒体多类型融合

行业媒体一方面为行业提供更具价值的资讯、推介前沿性技术、展示示范性案例，起到引领和带动行业发展的作用；另一方面，要充分利用融媒体平台优势，打造快捷、高效的传媒新模式，在讲好钢铁故事、做好品牌宣传、增强信息互动方面发挥积极作用。此外，纸媒还要与新媒体科学融合，相生相长。

## 5.1.2.1  保持纸媒生命力

权威性一直是纸媒的立身之本。首先，在产业资讯报道方面，要以行业发展的时点需求为根本遵循，选择的热点、焦点要科学、客观、公允，正面新闻不浮夸、不主观，负面新闻不渲染、不偏颇；其次，在技术类文章报道方面，要做到深度方面必达专业水准、广度方面必全链条覆盖、创新领域无一处遗漏。《世界金属导报》创刊60年来，在钢铁行业拥有坚实的受众群和拥趸者，尽管新媒体的发展势头迅猛，但其纸媒发行量始终保持稳中有增的势头。《世界金属导报》的内容专业而权威，特别是技术版的内容，因为系统、全面、前沿的特色早已成为各大企业领导和技术人员的案头必备资料。系统——涵盖从炼钢原料到下游深加工的全流程；全面——囊括国内和国外钢铁企业、研究机构、高校等技术创新主体；前沿——展示国内外钢铁行业全产业链创新性、颠覆性技术开发和应用案例。此外，对于所有纸媒而言，其可收藏性、历史厚重感都是新媒体难以比拟的。

可读性是吸引和留存读者的重要因素。要根据新闻和文章等素材的内容，编排为不同的风格，提高其精彩程度。其一，标题要简短有力、夺人眼球。其二，要对政策、事件、趋势有独家分析，将信息做深做透，使读者愿意阅读、点赞阅读、推荐阅读。其三，要注重视觉效果，运用版式设计等诸多方法，使用图片图表，化普通阅读为立体式阅读，提高视觉冲击力的同时避免长段文字阅读产生疲劳感。其四，可以定期或不定期开设多种专栏、策划系列报道来提升报纸影响力。

服务性是媒体的基本属性。一是选择热点，报道读者关注的事件和技术。二是建立顺畅渠道，让读者的反馈得到及时回应。三是发挥好媒体的桥梁纽带作用，一方面让钢铁行业声音上达下行，助推行业发展；另一方面让读者与作者充分沟通交流，保持信息流畅通。

## 5.1.2.2 纸媒与新媒体互补互融，新媒体"火力全开"

期刊类纸媒在今后的发展过程中，提高办刊质量，通过进一步加大资助力度，引导科研人员在国内期刊上发表更多高质量论文，提升我国钢铁及其相关领域期刊的国际化水平与影响力，为钢铁行业的发展做出更大的贡献。

新媒体的快速发展使得媒体间的竞争更为激烈，也引发了新媒体与纸媒之间的矛盾。从表面上看，纸媒的发展空间被挤压，而新媒体在发展的过程中也出现了报道碎片化、权威性不足等现实问题，但事实上，新媒体与传统媒体之间绝不是一个取代另一个，而应该融合发展，发挥传统纸媒所积累的新闻财富优势，并配合新媒体的技术优势，以两者的融合实现崭新媒体格局的创设。

当前的环境下，新媒体发展迅速，使得公众的信息交流载体出现了本质的变化。目前，短视频已成为当下最为热门的传播形态之一。短视频的出现为新闻媒体铺设了转型道路，其在融媒体时代背景下可借助短视频来进行创新发展。《世界金属导报》顺应时代发展趋势，设立了微信公众号和视频号、抖音号、快手号等，带动了其在短视频方面的发展。随着5G技术的日趋成熟，AR、VR、无人机拍摄、全景拍摄等技术将会更广泛地在短视频平台上使用，这些技术也必然会带来短视频内容制作上的革新。

《世界金属导报》利用其"世⁺融媒体工作室",策划组织开展了"钢铁制造的智能化革命"系列直播宣讲活动,在全国范围内较好地宣传推介了最新信息技术与钢铁行业的融合应用情况,引发行业持续广泛关注。未来,"直播+"趋势将进一步发展,直播行业将朝向细化领域发展,例如,垂直市场中的电商、教育等,内容垂直化更加明显。直播内容与形式也将呈现多样化发展,满足用户的多元化需求,商业模式有待继续创新,未来进一步开发在线直播的商业价值。

随着互联网的快速发展,大众更愿意接受互联网媒体,《世界金属导报》现已形成纸媒、中英文网站、App 手机报、数字报、微信、微博、头条号、搜狐号、抖音、快手等立体多样、融合现代传播体系的新媒体矩阵。未来,持续完善《世界金属导报》新媒体矩阵,以融媒体"资源通融、内容兼融、宣传互融、利益共融"的理念为基础,打造钢铁行业最具权威科技媒体平台为核心,立足传统纸媒市场形成多个平台运营发展。

在全媒体背景下,行业纸媒将以具有更强权威性和公信力为己任和目标,继续发挥优势,保持生命力,在可读性、服务性方面不断改进,不断前行。

### 5.1.3 行业网站知识化全球化

新一轮绿色变革和产业升级迅猛发展,钢铁企业发展环境日益复杂多变,机遇挑战并存。资源环境刚性约束日益增强,钢铁行业仍面临多重不确定,我国产业发展亟须开辟价值创造新空间、由价值链低端向中高端跃升。深入推进信息技术和实体经济深度融合,"互联网+"推动产业智能化变革,全面提升企业可持续发展能力。

互联网与钢铁行业融合是必然的趋势，行业网站应该作为产业发展的放大器、加速器，以信息、知识、技术和用户互动为核心目标，利用互联网技术促进钢铁行业信息资源共享及产业变革，门户网站在推动信息传播、知识增值、市场调节、舆论导向、公众参与和行业变革方面起到重大作用。

钢铁企业应尽可能地加强多终端企业门户网站建设及运营维护，为顺应全球化发展趋势开通多语种版本的网站，通过丰富内容设置，搜索引擎优化等提升网站在全球的影响力。通过提升网站的内容整合能力、知识挖掘能力、技术引导能力，使网站成长为具有知识价值、导向价值、营销价值的门户网站，将信息、知识通过网站的形式广泛传播和分享，在传播中实现知识增值，将数据作为关键资源和新型生产要素，改造提升传统业务，培育壮大数字新业务，以实现创新驱动和业态转变。

## 5.2 情报信息助推中国钢铁全面引领世界

### 5.2.1 开创顶层设计新局面

全球钢铁工业发展至今，已有 180 余年的历史，如果从钢之前的铁时代算起，则更长远，漫漫钢铁史，可谓繁荣与衰败并存。历史上的危机、战争、技术革新、环保约束、低碳发展等重大事件都对钢铁工业发展产生重要影响。

全球第一产钢国几次易主，中国粗钢产量居全球首位已经27 年；一些曾经的钢铁重镇也伴随资源枯竭、市场变化等发生转移，如美国的五大湖地区、德国的鲁尔工业区；一些曾经的国际知名钢铁企业或萎缩、或转型、或被整合等,如美国曾经十大钢之一的 Inland 公司被美国钢铁整合,英国钢铁被敬业集团收购等。

这些变化的背后,有经验有教训。借助情报信息,以史为鉴,相关研究机构纷纷研究、总结和分析全球主要产钢国钢铁工业结构调整轨迹、资源能源结构变化、钢厂模式和工艺流程变化、企业结构变化以及环境负荷削减、优化钢铁产能采取的相关政策与措施等。冶金工业信息标准研究院借助情报信息先后完成或参与中国工程院咨询项目"中美钢铁产业结构调整——思考与借鉴""我国碳达峰、碳中和战略及路径研究",NSTL 重大专项课题"碳中和政策与战略研究""全球氢能科技创新和工业化应用情报研究",中国钢铁工业协会"钢铁行业'十四五'发展规划""国际产能合作指引"、碳边境关税研究、战略性矿产资源研究、废钢资源研究等百余项基础性课题,为我国钢铁行业相关政策、方案制定提供了重要借鉴和参考。

## 5.2.2　开启绿色智能新征程

钢铁工业碳排放量占全国碳排放总量 15% 左右,是落实碳减排目标的重要责任主体,正面临着巨大的低碳转型压力。进入 21 世纪,中国钢铁工业持续推进节能减排并取得显著成效,为钢铁工业低碳发展提供了重要的基础支撑。当前,中国钢铁正在通过顶层设计引导减碳方向、通过能效分级助力提升减碳效果,稳步推进"双碳"目标如期实现。但是,国内外能源消耗、碳排放计算的边界条件、标准尚不统一。深入系统研究主要产钢国能耗和碳排放发展历程、计算规则、边界划分等,对我国绿色低碳发展、参与国际竞争、统一标准具有重大意义，情报信息支撑作用不言而喻。

钢铁是实施智能化的主战场，宝钢启动万名"宝罗"机器人上岗计划、鞍钢建成全球最大一体化智慧炼铁中心、德建龙1300mm 连铸圆坯全数字化生产线热试成功、山东永锋建成全球首个基于统一工业互联网平台的全流程数字钢厂。随着信息技术不断进步，情报信息工作和服务模式正在转变，未来更加精准地自动抓取关键信息和诊断真伪、自动生成高质量报告，实现对钢铁数字化智慧化服务的支撑。

新中国成立 70 多年来，中国钢铁高速发展，有力支撑中国乃至全球经济建设，情报信息贡献了重要力量。当前全球钢铁产量已经进入新一轮波动调整期，全球钢铁行业由高速发展转向低速发展，同时也将迎来新一轮技术革新高潮。中国钢铁正逐步由规模发展向高质量发展迈进，并将长期引领全球钢铁工业发展，过去、现在、未来，情报信息不可或缺！

# 附录  冶金及其相关领域国内期刊汇览

| 序号 | 刊名（中文） | 刊名（英文） | 创刊时间/年 | 出版周期 | 主办单位 | ISSN | CN | 数据库收录情况 |
|---|---|---|---|---|---|---|---|---|
| 1 | 鞍钢技术 | Angang Technology | 1964 | 双月 | 鞍山钢铁集团有限公司 | 1006-4613 | 21-1105/TF | CA；Pæ（AJ） |
| 2 | 宝钢技术研究（英文版） | Baosteel Technical Research | 2007 | 季刊 | 宝钢集团有限公司 | 1674-3458 | 31-2001/TF | CA；Pæ（AJ） |
| 3 | 宝钢技术 | Baosteel Technology | 1983 | 双月 | 宝山钢铁股份有限公司 | 1008-0716 | 31-1499/TF | CA |
| 4 | 包钢科技 | Science & Technology of Baotou Steel | 1974 | 双月 | 内蒙古包头钢铁联股份有限公司技术中心 | 1009-5438 | 15-1210/TF | |

续附表

| 序号 | 刊名（中文） | 刊名（英文） | 创刊时间/年 | 出版周期 | 主办单位 | ISSN | CN | 数据库收录情况 |
|---|---|---|---|---|---|---|---|---|
| 5 | 中国稀土信息（英文） | China Rare Earth Information | 1985 | 季刊 | 包头稀土研究院 | 2096-3335 | 15-1147/TF | |
| 6 | 材料与冶金学报 | Journal of Materials and Metallurgy | 1982 | 双月 | 东北大学 | 1671-6620 | 21-1473/TF | 北大核心；CA; Pæ（AJ） |
| 7 | 电工钢 | Electrical Steel | 1963 | 双月 | 武汉钢铁有限公司 | 2096-7101 | 42-1903/TF | CA |
| 8 | 粉末冶金材料科学与工程 | Materials Science and Engineering of Powder Metallurgy | 1996 | 双月 | 中南大学 | 1673-0224 | 43-1448/TF | |
| 9 | 粉末冶金工业 | Powder Metallurgy Industry | 1991 | 双月 | 中国钢研科技集团有限公司；中国钢协粉末冶金分会；中国机协粉末冶金专业协会 | 1006-6543 | 11-3371/TF | 北大核心；CA; JST; WJCI |

续附表

| 序号 | 刊名（中文） | 刊名（英文） | 创刊时间/年 | 出版周期 | 主办单位 | ISSN | CN | 数据库收录情况 |
|---|---|---|---|---|---|---|---|---|
| 10 | 粉末冶金技术 | Powder Metallurgy Technology | 1982 | 双月 | 中国机械工程学会；中国金属学会；中国有色金属学会；北京科技大学 | 1001-3784 | 11-1974/TF | 北大核心；CA; JST; CSCD扩展版; WJCI |
| 11 | 福建冶金 | Fujian Metallurgy | 1958 | 双月 | 福建省冶金（控股）有限责任公司；福建省金属学会 | 1672-7665 | 35-1143/TF | |
| 12 | 钢铁钒钛 | Iron Steel Vanadium Titanium | 1980 | 双月 | 攀钢集团攀枝花钢铁研究院有限公司 | 1004-7638 | 51-1245/TF | 北大核心；CA; WJCI |
| 13 | 钢铁 | Iron & Steel | 1954 | 月刊 | 中国金属学会；北京钢铁研究总院；北京钢研柏苑出版有限责任公司 | 0449-749X | 11-2118/TF | 北大核心；CA; JST; CSCD; WJCI; 卓越期刊 |
| 14 | 钢铁研究 | Research on Iron and Steel | 1973 | 双月 | 武汉钢铁（集团）公司 | 1001-1447 | 42-1218/TF | CA |

续附表

| 序号 | 刊名（中文） | 刊名（英文） | 创刊时间/年 | 出版周期 | 主办单位 | ISSN | CN | 数据库收录情况 |
|---|---|---|---|---|---|---|---|---|
| 15 | 钢铁研究学报 | Journal of Iron and Steel Research | 1981 | 月刊 | 中国钢研科技集团有限公司 | 1001-0963 | 11-2133/TF | 北大核心；CA；JST；CSCD；WJCI |
| 16 | 甘肃冶金 | Gansu Metallurgy | 1979 | 双月 | 甘肃省金属学会；西北矿冶研究院 | 1672-4461 | 62-1053/TF | |
| 17 | 工业加热 | Industrial Heating | 1972 | 月刊 | 西安电炉研究所有限公司 | 1002-1639 | 61-1208/TM | CA |
| 18 | 工业炉 | Industrial Furnace | 1978 | 双月 | 机械工业第五设计研究院有限公司 | 1001-6988 | 12-1118/TB | |
| 19 | 海南矿冶 | Mining and Metallurgy in Hainan | 1991 | 季刊 | 海南省金属学会 | | 46-1033/TD | |
| 20 | 河北冶金 | Hebei Metallurgy | 1979 | 月刊 | 河北省金属学会；河钢集团有限公司 | 1006-5008 | 13-1172/TF | |
| 21 | 河南冶金 | Henan Metallurgy | 1993 | 双月 | 河南省金属学会；安阳钢铁集团有限责任公司 | 1006-3129 | 41-1199/TF | |

续附表

| 序号 | 刊名（中文） | 刊名（英文） | 创刊时间/年 | 出版周期 | 主办单位 | ISSN | CN | 数据库收录情况 |
|---|---|---|---|---|---|---|---|---|
| 22 | 江西冶金 | Jiangxi Metallurgy | 1981 | 双月 | 江西理工大学；江西省金属学会 | 1006–2777 | 36–1105/TF | |
| 23 | 金属材料与冶金工程 | Metal Materials and Metallurgy Engineering | 1973 | 双月 | 湖南华菱钢铁集团有限责任公司；湖南省金属学会 | 2095–5014 | 43–1476/TF | CA |
| 24 | 炼钢 | Steelmaking | 1985 | 双月 | 武汉钢铁（集团）公司；中国金属学会 | 1002–1043 | 42–1265/TF | 北大核心；CA |
| 25 | 炼铁 | Ironmaking | 1982 | 双月 | 中冶南方工程技术有限公司 | 1001–1471 | 42–1156/TF | 北大核心；CA |
| 26 | 连铸 | Continuous Casting | 1982 | 双月 | 中国金属学会；北京钢研柏苑出版有限责任公司 | 1005–4006 | 11–3385/TG | |
| 27 | 南方金属 | Southern Metals | 1980 | 双月 | 广东省金属学会 | 1009–9700 | 44–1521/TF | CA |
| 28 | 山东冶金 | Shandong Metallurgy | 1979 | 双月 | 山东省金属学会 | 1004–4620 | 37–1203/TF | CA |
| 29 | 上海金属 | Shanghai Metals | 1979 | 双月 | 上海市金属学会 | 1001–7208 | 31–1558/TF | CA; INSPEC; WJCI |

续附表

| 序号 | 刊名(中文) | 刊名(英文) | 创刊时间/年 | 出版周期 | 主办单位 | ISSN | CN | 数据库收录情况 |
|---|---|---|---|---|---|---|---|---|
| 30 | 山西冶金 | Shanxi Metallurgy | 1974 | 双月 | 山西经济和信息化出版传媒中心 | 1672-1152 | 14-1167/TF | CA |
| 31 | 烧结球团 | Sintering and Pelletizing | 1976 | 双月 | 中冶长天国际工程有限责任公司(原长沙冶金设计研究总院) | 1000-8764 | 43-1133/TF | 北大核心 |
| 32 | 湿法冶金 | Hydrometallurgy of China | 1982 | 双月 | 核工业北京化工冶金研究院 | 1009-2617 | 11-3012/TF | 北大核心; CA; JST |
| 33 | 世界钢铁 | World Iron & Steel | 2001 | 双月 | 宝钢集团有限公司 | 1672-9587 | 31-1836/TF | |
| 34 | 世界有色金属 | World Nonferrous Metals | 1986 | 半月 | 有色金属技术经济研究院 | 1002-5065 | 11-2472/TF | JST |
| 35 | 四川有色金属 | Sichuan Nonferrous Metals | 1986 | 季刊 | 四川省有色科技集团有限责任公司 | 1006-4079 | 51-1455/TF | |
| 36 | 特殊钢 | Special Steel | 1980 | 双月 | 大冶特殊钢股份有限公司 | 1003-8620 | 42-1243/TF | |

续附表

| 序号 | 刊名（中文） | 刊名（英文） | 创刊时间/年 | 出版周期 | 主办单位 | ISSN | CN | 数据库收录情况 |
|---|---|---|---|---|---|---|---|---|
| 37 | 天津冶金 | Tianjin Metallurgy | 1981 | 双月 | 天津市冶金集团（控股）有限公司；天津市金属学会；天津市冶金科技信息研究所 | 1006-110X | 12-1200/TF | CA |
| 38 | 铁合金 | Ferro-Alloys | 1964 | 双月 | 中钢集团吉林铁合金股份有限公司 | 1001-1943 | 22-1145/TF | CA |
| 39 | 铜业工程 | Copper Engineering | 1984 | 双月 | 江西铜业集团有限公司 | 1009-3842 | 36-1237/TF | CA；Pж（AJ） |
| 40 | 现代交通与冶金材料 | Modern Transportation and Metallurgical Materials | 1973 | 双月 | 江苏省综合交通运输学会；江苏省金属学会 | 2097-017X | 32-1895/TF | CA |
| 41 | 新疆钢铁 | Xinjiang Iron and Steel | 1995 | 季刊 | 新疆维吾尔自治区金属学会 | 1672-4224 | 65-1158/TF | |
| 42 | 新疆有色金属 | | 1972 | 双月 | 新疆有色金属学会 | | 65-1136/TG | |

续附表

| 序号 | 刊名（中文） | 刊名（英文） | 创刊时间/年 | 出版周期 | 主办单位 | ISSN | CN | 数据库收录情况 |
|---|---|---|---|---|---|---|---|---|
| 43 | 稀土信息 | Rare Earth Information | 1984 | 月刊 | 瑞科稀土冶金及功能材料国家工程研究中心有限公司 | 2096-353X | 15-1100/TF | |
| 44 | 稀有金属与硬质合金 | Rare Metals and Cemented Carbides | 1973 | 双月 | 中国有色金属学会；长沙有色冶金设计研究院 | 1004-0536 | 43-1109/TF | 北大核心；CA；JST；Pж（AJ）；CSCD扩展版；WJCI |
| 45 | 冶金标准化与质量 | Metallurgical Standardization & Quality | 1963 | 双月 | 冶金工业信息标准研究院 | 1003-0514 | 11-2692/TF | |
| 46 | 冶金动力 | Metallurgical Power | 1993 | 双月 | 马鞍山钢铁股份有限公司 | 1006-6764 | 34-1127/TK | |
| 47 | 冶金分析 | Metallurgical Analysis | 1981 | 月刊 | 中国钢研科技集团有限公司；中国金属学会 | 1000-7571 | 11-2030/TF | 北大核心；CA；JST；WJCI |

续附表

| 序号 | 刊名（中文） | 刊名（英文） | 创刊时间/年 | 出版周期 | 主办单位 | ISSN | CN | 数据库收录情况 |
|---|---|---|---|---|---|---|---|---|
| 48 | 冶金管理 | China Steel Focus | 1988 | 半月 | 冶金工业经济发展研究中心 | 1005-6726 | 11-2940/D | |
| 49 | 冶金能源 | Energy for Metallurgical Industry | 1982 | 双月 | 中钢集团鞍山热能研究院有限公司 | 1001-1617 | 21-1183/TK | |
| 50 | 冶金设备 | Metallurgical Equipment | 1979 | 双月 | 北京中冶设备研究设计总院有限公司；中国金属学会冶金设备分会 | 1001-1269 | 11-2183/TF | |
| 51 | 冶金信息导刊 | Metallurgical Information Review | 1956 | 双月 | 冶金工业信息标准研究院 | 1008-3618 | 11-3937/TF | |
| 52 | 冶金与材料 | Metallurgy and Materials | 1981 | 双月 | 黑龙江省金属学会；黑龙江省冶金研究所 | 2096-4854 | 23-1602/TF | |
| 53 | 冶金自动化 | Metallurgical Industry Automation | 1976 | 双月 | 冶金自动化研究设计院；北京钢研柏苑出版有限责任公司 | 1000-7059 | 11-2067/TF | |

续附表

| 序号 | 刊名（中文） | 刊名（英文） | 创刊时间/年 | 出版周期 | 主办单位 | ISSN | CN | 数据库收录情况 |
|---|---|---|---|---|---|---|---|---|
| 54 | 有色金属（冶炼部分） | Nonferrous Metals (Extractive Metallurgy) | 1949 | 月刊 | 矿冶科技集团有限公司 | 1007-7545 | 11-1841/TF | 北大核心；CA；JST；WJCI |
| 55 | 有色金属加工 | Nonferrous Metals Processing | 1972 | 双月 | 中国有色金属工业协会；洛阳有色金属加工设计研究院有限公司 | 1671-6795 | 11-4742/TF | CA |
| 56 | 有色金属设计 | Nonferrous Metals Design | 1974 | 季刊 | 昆明有色冶金设计研究院股份公司 | 1004-2660 | 53-1060/TG | |
| 57 | 有色设备 | Nonferrous Metallurgical Equipment | 1987 | 双月 | 中国有色金属学会；中国有色工程设计研究总院 | 1003-8884 | 11-2919/TG | |
| 58 | 有色冶金节能 | Energy Saving of Nonferrous Metallurgy | 1984 | 双月 | 中国有色工程有限公司 | 1008-5122 | 11-4011/TF | |
| 59 | 有色冶金设计与研究 | Nonferrous Metals Engineering & Research | 1980 | 双月 | 中国瑞林工程技术股份有限公司 | 1004-4345 | 36-1111/TF | |

续附表

| 序号 | 刊名（中文） | 刊名（英文） | 创刊时间/年 | 出版周期 | 主办单位 | ISSN | CN | 数据库收录情况 |
|---|---|---|---|---|---|---|---|---|
| 60 | 云南冶金 | Yunnan Metallurgy | 1972 | 双月 | 昆明冶金研究院；云南省金属学会 | 1006-0308 | 53-1057/TF | JST |
| 61 | 中国钢铁业 | China Steel | 2003 | 月刊 | 中国钢铁工业协会 | 1672-5115 | 11-5016/TF | |
| 62 | 中国金属通报 | China Metal Bulletin | 1993 | 月刊 | 有色金属技术经济研究院 | 1672-1667 | 11-5004/TF | |
| 63 | 中国锰业 | China Manganese Industry | 1983 | 双月 | 全国锰业技术委员会；湖南特种金属材料有限责任公司 | 1002-4336 | 43-1128/TD | JST |
| 64 | 中国钼业 | China Molybdenum Industry | 1977 | 双月 | 金堆城钼业集团有限公司；陕西省有色金属学会；中国有色金属工业协会钼业分会 | 1006-2602 | 61-1238/TF | |
| 65 | 中国钨业 | China Tungsten Industry | 1986 | 双月 | 中国钨业协会 | 1009-0622 | 11-3236/TF | CA; JST |

续附表

| 序号 | 刊名（中文） | 刊名（英文） | 创刊时间/年 | 出版周期 | 主办单位 | ISSN | CN | 数据库收录情况 |
|---|---|---|---|---|---|---|---|---|
| 66 | 中国冶金 | China Metallurgy | 1991 | 月刊 | 中国金属学会；北京钢研柏苑出版有限责任公司 | 1006-9356 | 11-3729/TF | 北大核心；CA；WJCI |
| 67 | 中国冶金教育 | China Metallurgical Education | 1992 | 双月 | 中国冶金教育学会 | 1007-0958 | 11-3775/G4 | |
| 68 | 中国有色金属 | China Nonferrous Metals | 1983 | 半月 | 中国有色金属工业协会 | 1673-3894 | 11-5407/TG | |
| 69 | 中国有色冶金 | China Nonferrous Metallurgy | 1972 | 双月 | 中国有色工程有限公司 | 1672-6103 | 11-5066/TF | 北大核心；CA |
| 70 | 资源信息与工程 | Resource Information and Engineering | 1986 | 双月 | 中南大学 | 2096-2339 | 43-1533/TD | JST |
| 71 | 资源再生 | Resource Recycling | 2002 | 月刊 | 中国有色金属再生资源公司；中国有色金属工业协会；再生金属分会；北京中色再生金属研究所 | 1673-7776 | 11-5544/TF | |

续附表

| 序号 | 刊名（中文） | 刊名（英文） | 创刊时间/年 | 出版周期 | 主办单位 | ISSN | CN | 数据库收录情况 |
|---|---|---|---|---|---|---|---|---|
| 72 | 材料导报 | Materials Reports | 1987 | 半月 | 重庆西南信息有限公司 | 1005-023X | 50-1078/TB | 北大核心；CA；JST；EI；CSCD；WJCI |
| 73 | 材料工程 | Journal of Materials Engineering | 1956 | 月刊 | 中国航发北京航空材料研究院 | 1001-4381 | 11-1800/TB | 北大核心；CA；JST；EI；CSCD；WJCI |
| 74 | 材料开发与应用 | Development and Application of Materials | 1979 | 双月 | 洛阳船舶材料研究所；中国造船工程学会船舶材料学术委员会 | 1003-1545 | 41-1149/TB | CA |
| 75 | 材料科学与工程学报 | Journal of Materials Science and Engineering | 1983 | 双月 | 浙江大学 | 1673-2812 | 33-1307/T | 北大核心；CA；JST；CSCD扩展版；WJCI |

续附表

| 序号 | 刊名（中文） | 刊名（英文） | 创刊时间/年 | 出版周期 | 主办单位 | ISSN | CN | 数据库收录情况 |
|---|---|---|---|---|---|---|---|---|
| 76 | 材料研究学报 | Chinese Journal of Materials Research | 1987 | 月刊 | 国家自然科学基金委员会；中国材料研究学会 | 1005-3093 | 21-1328/TG | 北大核心；CA；JST；EI；CSCD；WJCI |
| 77 | 超硬材料工程 | Superhard Material Engineering | 1990 | 双月 | 中国有色桂林矿产地质研究院有限公司 | 1673-1433 | 45-1331/TD | CA |
| 78 | 能源与环境材料（英文） | Energy & Environmental Materials | 2018 | 季刊 | 郑州大学 | 2575-0348 | 41-1452/TB | CA；INSPEC；SCI；EI；CSCD；WJCI |
| 79 | 复合材料学报 | Acta Materiae Compositae Sinica | 1984 | 月刊 | 北京航空航天大学；中国复合材料学会 | 1000-3851 | 11-1801/TB | 北大核心；CA；JST；Pж（AJ）；EI；CSCD；WJCI；卓越期刊 |

续附表

| 序号 | 刊名（中文） | 刊名（英文） | 创刊时间/年 | 出版周期 | 主办单位 | ISSN | CN | 数据库收录情况 |
| --- | --- | --- | --- | --- | --- | --- | --- | --- |
| 80 | 功能材料 | Journal of Functional Materials | 1970 | 月刊 | 重庆材料研究院 | 1001-9731 | 50-1099/TH | 北大核心；CA；JST；CSCD；WJCI |
| 81 | 金属功能材料 | Metallic Functional Materials | 1994 | 双月 | 中国钢研科技集团有限公司；中国金属学会功能材料分会 | 1005-8192 | 11-3521/TG | CA |
| 82 | 纳米材料科学（英文版） | Nano Materials Science | 2019 | 季刊 | 重庆大学 | 2096-6482 | 50-1217/TB | CA；INSPEC；EI；CSCD；WJCI |
| 83 | 纳微快报（英文） | Nano-Micro Letters | 2009 | 月刊 | 上海交通大学 | 2311-6706 | 31-2103/TB | CA；INSPEC；SCI；JST；EI；CSCD；WJCI |

续附表

| 序号 | 刊名<br>（中文） | 刊名（英文） | 创刊<br>时间/年 | 出版<br>周期 | 主办单位 | ISSN | CN | 数据库收录<br>情况 |
|---|---|---|---|---|---|---|---|---|
| 84 | 中国科学：材料科学（英文版） | Science China Materials | 2015 | 月刊 | 中国科学院；国家自然科学基金委员会； | 2095-8226 | 10-1236/TB | CA；INSPEC；SCI；JST；EI；CSCD；WJCI；卓越期刊 |
| 85 | 炭素 | Carbon | 1973 | 季刊 | 哈尔滨电碳厂（全民所有制） | 1001-8948 | 23-1172/TQ | JST |
| 86 | 纤维复合材料 | Fiber Composites | 1972 | 季刊 | 哈尔滨玻璃钢研究院有限公司 | 1003-6423 | 23-1267/TQ | CA |
| 87 | 新材料产业 | Advanced Materials Industry | 1999 | 双月 | 北京新材料和新能源科技发展中心 | 1008-892X | 11-4396/TU | CA |
| 88 | 中国材料进展 | Materials China | 1982 | 月刊 | 西北有色金属研究院；中国材料研究院学会 | 1674-3962 | 61-1473/TG | 北大核心；CA；JST；CSCD；WJCI |

续附表

| 序号 | 刊名（中文） | 刊名（英文） | 创刊时间/年 | 出版周期 | 主办单位 | ISSN | CN | 数据库收录情况 |
|---|---|---|---|---|---|---|---|---|
| 89 | 中国粉体技术 | China Powder Science and Technology | 1994 | 双月 | 中国颗粒学会；济南大学；中国非金属矿工业协会矿物加工利用技术专业委员会 | 1008-5548 | 37-1316/TU | CA; JST; CSCD扩展版; WJCI |
| 90 | 中国煤炭（英文版） | China Coal | 1995 | 半年 | 煤炭科学技术信息研究所 | 1006-5318 | 11-3622/TD | |
| 91 | 采矿技术 | Mining Technology | 1984 | 双月 | 长沙矿山研究院有限责任公司 | 1671-2900 | 43-1347/TD | JST |
| 92 | 采矿与安全工程学报 | Journal of Mining & Safety Engineering | 1984 | 双月 | 中国矿业大学；中国煤炭工业安全科学技术学会 | 1673-3363 | 32-1760/TD | 北大核心; JST; EI; CSCD; WJCI |
| 93 | 采矿与岩层控制工程学报 | Journal of Mining and Strata Control Engineering | 1991 | 双月 | 煤炭科学研究总院 | 2096-7187 | 10-1638/TD | 北大核心; JST; WJCI |

续附表

| 序号 | 刊名（中文） | 刊名（英文） | 创刊时间/年 | 出版周期 | 主办单位 | ISSN | CN | 数据库收录情况 |
|---|---|---|---|---|---|---|---|---|
| 94 | 当代矿工 | Modern Miner | 1985 | 月刊 | 中国煤炭学会；煤炭信息研究院 | 1002-8897 | 11-2762/C | 北大核心； |
| 95 | 地质与勘探 | Geology and Exploration | 1957 | 双月 | 中国冶金地质总局矿产资源研究院；中国地质学会 | 0495-5331 | 11-2043/P | CA；JST；Pж（AJ）；CSCD；WJCI |
| 96 | 地质与资源 | Geology and Resources | 1992 | 双月 | 中国地质调查局沈阳地质调查中心 | 1671-1947 | 21-1458/P | CA；JST |
| 97 | 地质找矿论丛 | Contributions to Geology and Mineral Resources Research | 1986 | 季刊 | 中钢集团天津地质研究院有限公司 | 1001-1412 | 12-1131/P | CA；JST；Pж（AJ）；WJCI |
| 98 | 非金属矿 | Non-Metallic Mines | 1974 | 双月 | 苏州非金属矿工业设计研究院 | 1000-8098 | 32-1144/TD | 北大核心；JST；CSCD；WJCI |

续附表

| 序号 | 刊名（中文） | 刊名（英文） | 创刊时间/年 | 出版周期 | 主办单位 | ISSN | CN | 数据库收录情况 |
|---|---|---|---|---|---|---|---|---|
| 99 | 工矿自动化 | Journal of Mine Automation | 1973 | 月刊 | 中煤科工集团常州研究院有限公司 | 1671-251X | 32-1627/TP | 北大核心；INSPEC；JST；Pж（AJ）；WJCI |
| 100 | 国外金属矿选矿 | Metallic Ore Dressing Abroad | 1963 | 月刊 | 北京矿冶研究总院 | 1003-4129 | 11-1842/TF | |
| 101 | 河北煤炭 | Hebei Coal | 1978 | 双月 | 河北省煤炭学会；河北煤炭科学研究院 | 1007-1083 | 13-1074/TD | |
| 102 | 化工矿产地质 | Geology of Chemical Minerals | 1979 | 季刊 | 中化地质矿山总局地质研究院 | 1006-5296 | 13-1190/P | CA |
| 103 | 化工矿物与加工 | Industrial Minerals & Processing | 1972 | 月刊 | 中蓝连海设计研究院有限公司 | 1008-7524 | 32-1492/TQ | CA |

续附表

| 序号 | 刊名（中文） | 刊名（英文） | 创刊时间/年 | 出版周期 | 主办单位 | ISSN | CN | 数据库收录情况 |
|---|---|---|---|---|---|---|---|---|
| 104 | 黄金 | Gold | 1980 | 月刊 | 长春黄金研究院有限公司 | 1001-1277 | 22-1110/TF | CA；JST |
| 105 | 黄金地质 | Gold Geology | 1982 | 季刊 | 中国人民武装警察部队黄金指挥部 | 1006-558X | 11-3623/TD | |
| 106 | 黄金科学技术 | Gold Science and Technology | 1988 | 双月 | 中国科学院资源环境科学信息中心 | 1005-2518 | 62-1112/TF | JST；CSCD扩展版；WJCI |
| 107 | 国际煤炭科学技术学报（英文） | International Journal of Coal Science & Technology | 1995 | 季刊 | 中国煤炭学会 | 2095-8293 | 10-1252/TD | CA；INSPEC；Pж（AJ）；EI；CSCD；WJCI；卓越期刊 |
| 108 | 江西煤炭科技 | Jiangxi Coal Science & Technology | 1979 | 季刊 | 江西省煤炭学会；江西省能源集团公司；江西省煤炭经济研究会；江西省煤炭工业科学研究所 | 1006-2572 | 36-1121/TD | |

续附表

| 序号 | 刊名（中文） | 刊名（英文） | 创刊时间/年 | 出版周期 | 主办单位 | ISSN | CN | 数据库收录情况 |
|---|---|---|---|---|---|---|---|---|
| 109 | 建井技术 | Mine Construction Technology | 1980 | 双月 | 煤炭科学研究总院 | 1002-6029 | 11-2456/TD | |
| 110 | 金属矿山 | Metal Mine | 1966 | 月刊 | 中国金属学会；中钢集团马鞍山矿山研究院 | 1001-1250 | 34-1055/TD | 北大核心；CA；JST；WJCI |
| 111 | 矿产保护与利用 | Conservation and Utilization of Mineral Resources | 1981 | 双月 | 中国地质科学院郑州矿产综合利用研究所 | 1001-0076 | 41-1122/TD | JST |
| 112 | 矿产与地质 | Mineral Resources and Geology | 1981 | 双月 | 中国有色桂林矿产地质研究院有限公司 | 1001-5663 | 45-1174/TD | |
| 113 | 矿产综合利用 | Multipurpose Utilization of Mineral Resources | 1980 | 双月 | 中国地质科学院矿产综合利用研究所 | 1000-6532 | 51-1251/TD | 北大核心；CA；JST；WJCI |

续附表

| 序号 | 刊名（中文） | 刊名（英文） | 创刊时间/年 | 出版周期 | 主办单位 | ISSN | CN | 数据库收录情况 |
|------|------|------|------|------|------|------|------|------|
| 114 | 矿床地质 | Mineral Deposits | 1982 | 双月 | 中国地质学会矿床地质专业委员会；中国地质科学院矿产资源研究所 | 0258-7106 | 11-1965/P | 北大核心；CA；JST；CSCD；WJCI |
| 115 | 矿山测量 | Mine Surveying | 1973 | 双月 | 煤炭科学研究总院 | 1001-358X | 13-1096/TD | JST |
| 116 | 矿山机械 | Mining & Processing Equipment | 1973 | 月刊 | 洛阳矿山机械工程设计研究院有限责任公司 | 1001-3954 | 41-1138/TD | |
| 117 | 矿冶 | Mining and Metallurgy | 1992 | 双月 | 矿冶科技集团有限公司 | 1005-7854 | 11-3479/TD | CA；JST |
| 118 | 矿业安全与环保 | Mining Safety & Environmental Protection | 1972 | 双月 | 中煤科工集团重庆研究院有限公司；国家煤矿安全技术工程研究中心 | 1008-4495 | 50-1062/TD | 北大核心；JST；WJCI |

续附表

| 序号 | 刊名（中文） | 刊名（英文） | 创刊时间/年 | 出版周期 | 主办单位 | ISSN | CN | 数据库收录情况 |
|---|---|---|---|---|---|---|---|---|
| 119 | 矿冶工程 | Mining and Metallurgical Engineering | 1981 | 双月 | 长沙矿冶研究院有限责任公司；中国金属学会 | 0253-6099 | 43-1104/TD | 北大核心；CA；JST；CSCD扩展版；WJCI |
| 120 | 矿业工程 | Mining Engineering | 1963 | 双月 | 中冶北方工程技术有限公司 | 1671-8550 | 21-1478/TD | CA |
| 121 | 矿业工程研究 | Mineral Engineering Research | 1980 | 季刊 | 湖南科技大学 | 1674-5876 | 43-1493/TD | |
| 122 | 矿业科学学报 | Journal of Mining Science and Technology | 2016 | 双月 | 中国矿业大学（北京） | 2096-2193 | 10-1417/TD | CSCD；WJCI |
| 123 | 矿业研究与开发 | Mining Research and Development | 1981 | 月刊 | 长沙矿山研究院有限责任公司；中国有色金属学会 | 1005-2763 | 43-1215/TD | 北大核心；CA；WJCI |
| 124 | 矿业装备 | Mining Equipment | 2011 | 双月 | 北京卓众出版有限公司 | 2095-1418 | 11-6027/TH | |

续附表

| 序号 | 刊名（中文） | 刊名（英文） | 创刊时间/年 | 出版周期 | 主办单位 | ISSN | CN | 数据库收录情况 |
|---|---|---|---|---|---|---|---|---|
| 125 | 露天采矿技术 | Opencast Mining Technology | 1985 | 双月 | 煤科集团沈阳研究院有限公司；中煤平朔煤业有限责任公司；神华准格尔能源有限责任公司 | 1671-9816 | 21-1477/TD | CA |
| 126 | 煤 | Coal | 1992 | 月刊 | 山西潞安矿业（集团）有限责任公司 | 1005-2798 | 14-1171/TD | |
| 127 | 煤矿安全 | Safety in Coal Mines | 1970 | 月刊 | 煤炭科学研究总院沈阳研究院 | 1003-496X | 21-1232/TD | 北大核心；CA；JST；Pж（AJ）；WJCI |
| 128 | 煤矿机电 | Colliery Mechanical & Electrical Technology | 1980 | 双月 | 中煤科工集团上海研究院有限公司 | 1001-0874 | 31-1509/TD | |
| 129 | 煤矿机械 | Coal Mine Machinery | 1980 | 月刊 | 哈尔滨煤矿机械研究所 | 1003-0794 | 23-1280/TD | |

续附表

| 序号 | 刊名（中文） | 刊名（英文） | 创刊时间/年 | 出版周期 | 主办单位 | ISSN | CN | 数据库收录情况 |
|---|---|---|---|---|---|---|---|---|
| 130 | 煤矿现代化 | Coal Mine Modernization | 1992 | 双月 | 兖矿集团有限公司 | 1009-0797 | 37-1205/TD | |
| 131 | 煤炭高等教育 | Meitan Higher Education | 1983 | 双月 | 中国煤炭教育协会 | 1004-8154 | 32-1365/G4 | |
| 132 | 煤炭工程 | Coal Engineering | 1954 | 月刊 | 中煤国际工程设计研究总院有限公司 | 1671-0959 | 11-4658/TD | 北大核心；JST；WJCI |
| 133 | 煤炭加工与综合利用 | Coal Processing & Comprehensive Utilization | 1983 | 月刊 | 中国煤炭加工利用协会 | 1005-8397 | 11-2627/TD | CA |
| 134 | 煤炭技术 | Coal Technology | 1982 | 月刊 | 哈尔滨煤矿机械研究所 | 1008-8725 | 23-1393/TD | 北大核心；CA；Pж（AJ） |
| 135 | 煤炭科技 | Coal Science & Technology Magazine | 1980 | 双月 | 江苏省徐州矿务集团有限公司；江苏省煤炭学会；中国矿业大学 | 1008-3731 | 32-1491/TD | |

续附表

| 序号 | 刊名（中文） | 刊名（英文） | 创刊时间/年 | 出版周期 | 主办单位 | ISSN | CN | 数据库收录情况 |
|---|---|---|---|---|---|---|---|---|
| 136 | 煤炭科学技术 | Coal Science and Technology | 1973 | 月刊 | 煤炭科学研究总院 | 0253-2336 | 11-2402/TD | 北大核心；CA；JST；EI；CSCD；WJCI |
| 137 | 煤炭学报 | Journal of China Coal Society | 1964 | 月刊 | 中国煤炭学会 | 0253-9993 | 11-2190/TD | 北大核心；CA；JST；EI；CSCD；WJCI；卓越期刊 |
| 138 | 煤田地质与勘探 | Coal Geology & Exploration | 1973 | 月刊 | 中煤科工集团西安研究院有限公司 | 1001-1986 | 61-1155/P | 北大核心；CA；JST；EI；CSCD扩展版；WJCI |
| 139 | 煤质技术 | Coal Quality Technology | 1986 | 双月 | 煤炭科学研究总院 | 1007-7677 | 11-3862/TD | JST |

续附表

| 序号 | 刊名（中文） | 刊名（英文） | 创刊时间/年 | 出版周期 | 主办单位 | ISSN | CN | 数据库收录情况 |
|---|---|---|---|---|---|---|---|---|
| 140 | 能源技术与管理 | Energy Technology and Management | 1976 | 双月 | 江苏省煤炭学会；江苏省煤炭工业协会；中国矿业大学 | 1672-9943 | 32-1735/TD | |
| 141 | 能源科技 | Energy Science and Technology | 2003 | 双月 | 国家能源投资集团有限责任公司 | 2096-7691 | 64-1074/TK | |
| 142 | 能源与环保 | China Energy and Environmental Protection | 1979 | 月刊 | 河南省煤炭科学研究院有限公司；河南省煤炭学会 | 1003-0506 | 41-1443/TK | |
| 143 | 山东煤炭科技 | Shandong Coal Science and Technology | 1983 | 月刊 | 山东煤炭工业信息计算中心 | 1005-2801 | 37-1236/TD | |
| 144 | 山西焦煤科技 | Shanxi Coking Coal Science & Technology | 1977 | 月刊 | 山西焦煤集团有限责任公司 | 1672-0652 | 14-1311/TD | CA |

续附表

| 序号 | 刊名（中文） | 刊名（英文） | 创刊时间/年 | 出版周期 | 主办单位 | ISSN | CN | 数据库收录情况 |
|---|---|---|---|---|---|---|---|---|
| 145 | 陕西煤炭 | Shaanxi Coal | 1982 | 双月 | 陕西煤业化工集团有限责任公司 | 1671-749X | 61-1382/TD | |
| 146 | 山西煤炭 | Shanxi Coal | 1981 | 季刊 | 太原理工大学；山西省煤炭学会 | 1672-5050 | 14-1096/TD | |
| 147 | 山西能源学院学报 | Journal of Shanxi Institute of Energy | 1988 | 双月 | 山西能源学院 | 2096-4102 | 14-1390/TK | |
| 148 | 世界核地质科学 | World Nuclear Geoscience | 1962 | 季刊 | 核工业北京地质研究院 | 1672-0636 | 11-4914/TL | CA |
| 149 | 水力采煤与管道运输 | Hydraulic Coal Mining & Pipeline Transportation | 1974 | 季刊 | 煤炭科学研究总院唐山分院 | 1006-0898 | 13-1185/TN | |

续附表

| 序号 | 刊名（中文） | 刊名（英文） | 创刊时间/年 | 出版周期 | 主办单位 | ISSN | CN | 数据库收录情况 |
|---|---|---|---|---|---|---|---|---|
| 150 | 同煤科技 | Datong Coal Science & Technology | 1979 | 双月 | 大同煤矿集团有限责任公司 | 1000-4866 | 14-1117/TD | |
| 151 | 现代矿业 | Modern Mining | 1981 | 月刊 | 中钢集团马鞍山矿山研究院总院股份有限公司 | 1674-6082 | 34-1308/TD | CA |
| 152 | 西北地质科学 | Northwest Geoscience | 1980 | 半年 | 国土资源部西安地质矿产研究所 | 1004-7786 | 61-1225/P | |
| 153 | 西部探矿工程 | West-China Exploration Engineering | 1989 | 月刊 | 新疆维吾尔自治区地质矿产研究所 | 1004-5716 | 65-1124/TD | CA |
| 154 | 选煤技术 | Coal Preparation Technology | 1973 | 双月 | 煤炭科学研究总院唐山研究院 | 1001-3571 | 13-1115/TD | CA；JST |

续附表

| 序号 | 刊名（中文） | 刊名（英文） | 创刊时间/年 | 出版周期 | 主办单位 | ISSN | CN | 数据库收录情况 |
|------|------|------|------|------|------|------|------|------|
| 155 | 铀矿冶 | Uranium Mining and Metallurgy | 1982 | 季刊 | 中国核学会铀矿冶学会 | 1000-8063 | 11-1969/TL | CA |
| 156 | 铀矿地质 | Uranium Geology | 1962 | 双月 | 中国核学会铀矿地质学会 | 1000-0658 | 11-1971/TL | CA；JST；CSCD扩展版；WJCI |
| 157 | 有色金属科学与工程 | Nonferrous Metals Science and Engineering | 1987 | 双月 | 江西理工大学；江西省有色金属学会 | 1674-9669 | 36-1311/TF | 北大核心；Pж（AJ）；CA；JST；WJCI |
| 158 | 有色金属（矿山部分） | Nonferrous Metals (Mining Section) | 1949 | 双月 | 矿冶科技集团有限公司 | 1671-4172 | 11-1839/TF | JST |
| 159 | 有色金属（选矿部分） | Nonferrous Metals (Mineral Processing Section) | 1949 | 双月 | 矿冶科技集团有限公司 | 1671-9492 | 11-1840/TF | 北大核心；CA；JST；WJCI |

续附表

| 序号 | 刊名（中文） | 刊名（英文） | 创刊时间/年 | 出版周期 | 主办单位 | ISSN | CN | 数据库收录情况 |
|---|---|---|---|---|---|---|---|---|
| 160 | 有色矿冶 | Non-Ferrous Mining and Metallurgy | 1985 | 双月 | 辽宁省有色金属学会 | 1007–967X | 21–1112/TF | |
| 161 | 云南地质 | Yunnan Geology | 1982 | 季刊 | 云南省地质矿产勘察院 | 1004–1885 | 53–1041/P | |
| 162 | 凿岩机械气动工具 | Rock Drilling Machinery & Pneumatic Tools | 1975 | 季刊 | 天水凿岩机械气动工具研究所 | 2095–6282 | 62–1088/TD | |
| 163 | 智能矿山 | Journal of Intelligent Mine | 2020 | 月刊 | 煤炭科学研究总院 | 2096–9139 | 10–1709/TN | |
| 164 | 中国矿山工程 | China Mine Engineering | 1972 | 双月 | 中国有色工程有限公司 | 1672–609X | 11–5068/TF | |

续附表

| 序号 | 刊名（中文） | 刊名（英文） | 创刊时间/年 | 出版周期 | 主办单位 | ISSN | CN | 数据库收录情况 |
|---|---|---|---|---|---|---|---|---|
| 165 | 中国矿业 | China Mining Magazine | 1992 | 月刊 | 中国矿业联合会 | 1004-4051 | 11-3033/TD | JST；WJCI |
| 166 | 中国煤层气 | China Coalbed Methane | 1994 | 双月 | 煤炭信息研究院；中联煤层气有限责任公司 | 1672-3074 | 11-5011/TD | CA |
| 167 | 中国煤炭 | China Coal | 1963 | 月刊 | 煤炭信息研究院 | 1006-530X | 11-3621/TD | JST |
| 168 | 中国煤炭地质 | Coal Geology of China | 1989 | 月刊 | 中国煤炭地质总局 | 1674-1803 | 10-1364/TD | JST |
| 169 | 中国非金属矿工业导刊 | China Non-metallic Minerals Industry | 1980 | 双月 | 中国建材集团有限公司；中国建筑材料工业地质勘查中心；中国非金属矿工业协会 | 1007-9386 | 11-3924/TD | |
| 170 | 资源与产业 | Resources & Industries | 1995 | 双月 | 中国地质大学（北京）；中国地质调查局；国土资源部人力资源开发中心 | 1673-2464 | 11-5426/TD | Pж（AJ）；AMI扩展 |

续附表

| 序号 | 刊名（中文） | 刊名（英文） | 创刊时间/年 | 出版周期 | 主办单位 | ISSN | CN | 数据库收录情况 |
|---|---|---|---|---|---|---|---|---|
| 171 | 金属学报（英文版） | Acta Metallurgica Sinica (English Letters) | 1988 | 月刊 | 中国金属学会 | 1006-7191 | 21-1361/TG | CA; SCI; JST; Pж（AJ）; EI; CSCD; WJCI |
| 172 | 表面技术 | Surface Technology | 1972 | 月刊 | 中国兵器工业第五九研究所 | 1001-3660 | 50-1083/TG | 北大核心; CA; JST; EI; CSCD; WJCI |
| 173 | 兵器材料科学与工程 | Ordnance Material Science and Engineering | 1978 | 双月 | 中国兵工学会; 中国兵器工业集团第五二研究所 | 1004-244X | 33-1331/TJ | 北大核心; CA; JST; CSCD扩展版; WJCI |
| 174 | 中国铸造（英文版） | China Foundry | 2004 | 双月 | 沈阳铸造研究所 | 1672-6421 | 21-1498/TG | CA; SCI; Pж（AJ）; WJCI |

续附表

| 序号 | 刊名（中文） | 刊名（英文） | 创刊时间/年 | 出版周期 | 主办单位 | ISSN | CN | 数据库收录情况 |
|---|---|---|---|---|---|---|---|---|
| 175 | 中国有色月刊（英文版） | China Nonferrous Metals Monthly | 1993 | 月刊 | 中国五矿集团有限公司 | 1005-1562 | 11-3323/F | |
| 176 | 中国焊接（英文版） | China Welding | 1992 | 季刊 | 哈尔滨焊接研究所；中国焊接学会 | 1004-5341 | 23-1332/TG | CA；JST；Pж（AJ） |
| 177 | 材料保护 | Materials Protection | 1960 | 月刊 | 武汉材料保护研究所 | 1001-1560 | 42-1215/TB | CA；JST；Pж（AJ）；CSCD 扩展版；WJCI |
| 178 | 材料科学与工艺 | Materials Science and Technology | 1982 | 双月 | 哈尔滨工业大学；中国材料研究学会 | 1005-0299 | 23-1345/TB | 北大核心；CA；JST；CSCD；WJCI |
| 179 | 材料热处理学报 | Transactions of Materials and Heat Treatment | 1980 | 月刊 | 中国机械工程学会 | 1009-6264 | 11-4545/TG | 北大核心；CA；JST；CSCD；WJCI |

续附表

| 序号 | 刊名（中文） | 刊名（英文） | 创刊时间/年 | 出版周期 | 主办单位 | ISSN | CN | 数据库收录情况 |
|---|---|---|---|---|---|---|---|---|
| 180 | 材料研究与应用 | Materials Research and Application | 1991 | 双月 | 广东省科学院新材料研究所 | 1673–9981 | 44–1638/TG | CA |
| 181 | 大型铸锻件 | Heavy Casting and Forging | 1979 | 双月 | 中国重型机械工业协会大型铸锻件行业协会；中国二重集团公司大型铸锻件研究所 | 1004–5635 | 51–1396/TG | |
| 182 | 电焊机 | Electric Welding Machine | 1971 | 月刊 | 成都电焊机研究所 | 1001–2303 | 51–1278/TM | INSPEC；Pж（AJ） |
| 183 | 电加工与模具 | Electromachining & Mould | 1966 | 双月 | 苏州电加工机床研究所；中国机械工程学会特种加工分会 | 1009–279X | 32–1589/TH | |

续附表

| 序号 | 刊名（中文） | 刊名（英文） | 创刊时间/年 | 出版周期 | 主办单位 | ISSN | CN | 数据库收录情况 |
|---|---|---|---|---|---|---|---|---|
| 184 | 锻压技术 | Forging & Stamping Technology | 1958 | 月刊 | 北京机电研究所有限公司；中国机械工程学会塑性工程分会 | 1000–3940 | 11–1942/TG | 北大核心；CA；JST；Pж（AJ）；CSCD；WJCI |
| 185 | 锻压装备与制造技术 | China Metalforming Equipment & Manufacturing Technology | 1966 | 双月 | 济南铸锻所检验检测科技有限公司 | 1672–0121 | 37–1392/TG | |
| 186 | 腐蚀科学与防护技术 | Corrosion Science and Protection Technology | 1989 | 双月 | 中国科学院金属研究所 | 1002–6495 | 21–1264/TQ | CA；INSPEC；JST |
| 187 | 腐蚀与防护 | Corrosion & Protection | 1980 | 月刊 | 上海市腐蚀科学技术学会；上海材料研究所 | 1005–748X | 31–1456/TQ | 北大核心；CA；JST；WJCI |

续附表

| 序号 | 刊名（中文） | 刊名（英文） | 创刊时间/年 | 出版周期 | 主办单位 | ISSN | CN | 数据库收录情况 |
|---|---|---|---|---|---|---|---|---|
| 188 | 钢管 | Steel Pipe | 1964 | 双月 | 攀钢集团研究院有限公司 | 1001–2311 | 51–1164/TG | CA; JST; Pж (AJ) |
| 189 | 工具技术 | Tool Engineering | 1964 | 月刊 | 成都工具研究所有限公司 | 1000–7008 | 51–1271/TH | 北大核心；WJCI |
| 190 | 贵金属 | Precious Metals | 1977 | 季刊 | 中国有色金属学会；昆明贵金属研究所 | 1004–0676 | 53–1063/TG | 北大核心；CA; JST; WJCI |
| 191 | 航空材料学报 | Journal of Aeronautical Materials | 1981 | 双月 | 中国航空学会；中国航发北京航空材料研究院 | 1005–5053 | 11–3159/V | 北大核心；CA; INSPEC; JST; Pж (AJ)；CSCD; WJCI |
| 192 | 焊管 | Welded Pipe and Tube | 1978 | 月刊 | 宝鸡石油钢管有限责任公司 | 1001–3938 | 61–1160/TE | |

续附表

| 序号 | 刊名（中文） | 刊名（英文） | 创刊时间/年 | 出版周期 | 主办单位 | ISSN | CN | 数据库收录情况 |
|---|---|---|---|---|---|---|---|---|
| 193 | 焊接 | Welding & Joining | 1957 | 月刊 | 哈尔滨焊接研究院有限公司（机械科学研究院哈尔滨焊接研究所）；中国机械工程学会焊接学会 | 1001-1382 | 23-1174/TG | 北大核心；JST |
| 194 | 焊接技术 | Welding Technology | 1972 | 月刊 | 天津市焊接研究所；中国工程建设焊接协会 | 1002-025X | 12-1070/TG | |
| 195 | 焊接学报 | Transactions of the China Welding Institution | 1980 | 月刊 | 中国机械工程学会焊接学会分会；中国机械工程学会焊接学会；哈尔滨焊接研究院有限公司 | 0253-360X | 23-1178/TG | 北大核心；CA；JST；EI；CSCD；WJCI |

续附表

| 序号 | 刊名（中文） | 刊名（英文） | 创刊时间/年 | 出版周期 | 主办单位 | ISSN | CN | 数据库收录情况 |
|---|---|---|---|---|---|---|---|---|
| 196 | 哈尔滨轴承 | Journal of Harbin Bearing | 1973 | 季刊 | 哈尔滨滚动轴承集团公司 | 1672-4852 | 23-1515/TH | |
| 197 | 湖南有色金属 | Hunan Nonferrous Metals | 1985 | 双月 | 湖南有色金属研究院有限责任公司 | 1003-5540 | 43-1045/TF | CA |
| 198 | 矿物冶金与材料学报（英文版） | International Journal of Minerals, Metallurgy and Materials | 1994 | 月刊 | 北京科技大学 | 1674-4799 | 11-5787/TF | CA; INSPEC; SCI; JST; Pж (AJ); EI; CSCD; WJCI |
| 199 | 钢铁研究学报（英文版） | Journal of Iron and Steel Research (International) | 1994 | 月刊 | 冶金工业部钢铁研究总院 | 1006-706X | 11-3678/TF | CA; SCI; JST; Pж (AJ); EI; CSCD; WJCI |
| 200 | 镁合金学报（英文） | Journal of Magnesium and Alloys | 2013 | 双月 | 重庆大学 | 2213-9567 | 50-1220/TF | CA; INSPEC; SCI; EI; CSCD; WJCI |

续附表

| 序号 | 刊名（中文） | 刊名（英文） | 创刊时间/年 | 出版周期 | 主办单位 | ISSN | CN | 数据库收录情况 |
|---|---|---|---|---|---|---|---|---|
| 201 | 材料科学技术（英文版） | Journal of Materials Science & Technology | 1985 | 旬刊 | 中国金属学会；中国材料研究学会；中国科学院金属所 | 1005-0302 | 21-1315/TG | CA; INSPEC; SCI; JST; Pж (AJ); EI; CSCD; WJCI; 卓越期刊 |
| 202 | 金刚石与磨料磨具工程 | Diamond & Abrasives Engineering | 1970 | 双月 | 郑州磨料磨具磨削研究所有限公司 | 1006-852X | 41-1243/TG | 北大核心；CA; Pж (AJ)；WJCI |
| 203 | 精密成形工程 | Journal of Netshape Forming Engineering | 1983 | 月刊 | 中国兵器工业第五九研究所国防科技工业精密塑性成形技术研究应用中心 | 1674-6457 | 50-1199/TB | 北大核心；JST |
| 204 | 精密制造与自动化 | Precise Manufacturing & Automation | 1965 | 季刊 | 上海磨床研究所 | 1009-962X | 31-1858/TP | |

续附表

| 序号 | 刊名（中文） | 刊名（英文） | 创刊时间/年 | 出版周期 | 主办单位 | ISSN | CN | 数据库收录情况 |
|---|---|---|---|---|---|---|---|---|
| 205 | 今日制造与升级 | Manufacture & Upgrading Today | 2014 | 月刊 | 北京卓众出版有限公司 | 2095-6932 | 10-1196/TH | |
| 206 | 金属加工（冷加工） | Metal Working（Metal Cutting） | 1950 | 月刊 | 机械工业信息研究院 | 1674-1641 | 11-5626/TH | |
| 207 | 金属加工（热加工） | MW Metal Forming | 1950 | 月刊 | 机械工业信息研究院 | 1674-165X | 11-5627/TH | |
| 208 | 金属热处理 | Heat Treatment of Metals | 1958 | 月刊 | 北京机电研究所有限公司；中国机械工程学会热处理分会；中国热处理行业协会 | 0254-6051 | 11-1860/TG | 北大核心；CA；JST；CSCD扩展版；WJCI |
| 209 | 金属世界 | Metal World | 1985 | 双月 | 中国金属学会；中国有色金属学会；北京科技大学 | 1000-6826 | 11-1417/TG | CA |

续附表

| 序号 | 刊名（中文） | 刊名（英文） | 创刊时间/年 | 出版周期 | 主办单位 | ISSN | CN | 数据库收录情况 |
|---|---|---|---|---|---|---|---|---|
| 210 | 金属学报 | Acta Metallurgica Sinica | 1956 | 月刊 | 中国金属学会 | 0412–1961 | 21–1139/TG | 北大核心；CA；SCI；JST；Pж（AJ）；EI；CSCD；WJCI；卓越期刊 |
| 211 | 金属制品 | Metal Products | 1972 | 双月 | 中钢集团郑州金属制品研究院有限公司 | 1003–4226 | 41–1145/TG | CA |
| 212 | 机械工程材料 | Materials for Mechanical Engineering | 1977 | 月刊 | 上海材料研究所 | 1000–3738 | 31–1336/TB | 北大核心；CA；JST；CSCD扩展版；WJCI |
| 213 | 机械工程与自动化 | Mechanical Engineering & Automation | 1972 | 双月 | 山西省机电设计研究院有限公司；山西省机械工程学会 | 1672–6413 | 14–1319/TH | |

续附表

| 序号 | 刊名（中文） | 刊名（英文） | 创刊时间/年 | 出版周期 | 主办单位 | ISSN | CN | 数据库收录情况 |
|---|---|---|---|---|---|---|---|---|
| 214 | 机械制造文摘（焊接分册） | Welding Digest of Machinery Manufacturing | 1987 | 双月 | 哈尔滨焊接研究院有限公司（原机械科学研究院哈尔滨焊接研究所） | 2095-266X | 23-1200/TG | |
| 215 | 宽厚板 | Wide and Heavy Plate | 1995 | 双月 | 舞阳钢铁有限责任公司 | 1009-7864 | 41-1242/TF | |
| 216 | 理化检验-物理分册 | Physical Testing and Chemical Analysis（Part A: Physical Testing) | 1963 | 月刊 | 上海材料研究所 | 1001-4012 | 31-1338/TB | CA; JST |
| 217 | 铝加工 | Aluminium Fabrication | 1976 | 双月 | 西南铝业（集团）有限责任公司 | 1005-4898 | 50-1106/TF | CA |
| 218 | 模具制造 | Die & Mould Manufacture | 2001 | 月刊 | 深圳市生产力促进中心 | 1671-3508 | 44-1542/TH | |

续附表

| 序号 | 刊名（中文） | 刊名（英文） | 创刊时间/年 | 出版周期 | 主办单位 | ISSN | CN | 数据库收录情况 |
|---|---|---|---|---|---|---|---|---|
| 219 | 模具工业 | Die & Mould Industry | 1975 | 月刊 | 桂林电器科学研究院有限公司 | 1001-2168 | 45-1158/TG | JST |
| 220 | 模具技术 | Die and Mould Technology | 1983 | 双月 | 上海交通大学 | 1001-4934 | 31-1297/TG | |
| 221 | 轻金属 | Light Metals | 1964 | 月刊 | 沈阳铝镁设计研究院有限公司 | 1002-1752 | 21-1217/TG | 北大核心；JST |
| 222 | 轻合金加工技术 | Light Alloy Fabrication Technology | 1964 | 月刊 | 中国有色金属加工工业协会轻金属分会 | 1007-7235 | 23-1226/TG | CA |
| 223 | 全面腐蚀控制 | Total Corrosion Control | 1987 | 月刊 | 中国工业防腐蚀技术协会 | 1008-7818 | 11-2706/TQ | |
| 224 | 稀有金属（英文版） | Rare Metals | 1989 | 月刊 | 中国有色金属学会；有研科技集团有限公司 | 1001-0521 | 11-2112/TF | CA；INSPEC；SCI；JST；EI；CSCD；WJCI；卓越期刊 |

续附表

| 序号 | 刊名（中文） | 刊名（英文） | 创刊时间/年 | 出版周期 | 主办单位 | ISSN | CN | 数据库收录情况 |
|---|---|---|---|---|---|---|---|---|
| 225 | 热加工工艺 | Hot Working Technology | 1972 | 半月 | 中国船舶重工集团公司热加工工艺研究所；中国造船工程学会船舶材料学术委员会 | 1001-3814 | 61-1133/TG | 北大核心；JST；WJCI |
| 226 | 热处理 | Heat Treatment | 1979 | 双月 | 上海市机械制造工艺研究所有限公司 | 1008-1690 | 31-1768/TG | CA |
| 227 | 热处理技术与装备 | Heat Treatment Technology and Equipment | 1980 | 双月 | 江西省科学院应用物理研究所；中国热处理行业协会 | 1673-4971 | 36-1291/TG | |
| 228 | 热喷涂技术 | Thermal Spray Technology | 2009 | 季刊 | 矿冶科技集团有限公司 | 1674-7127 | 11-5828/TF | |

续附表

| 序号 | 刊名（中文） | 刊名（英文） | 创刊时间/年 | 出版周期 | 主办单位 | ISSN | CN | 数据库收录情况 |
|---|---|---|---|---|---|---|---|---|
| 229 | 上海钢研 | Shanghai Steel & Iron Research | 1974 | 季刊 | 上海钢铁研究所 | | 31–1387/TF | |
| 230 | 四川冶金 | Sichuan Metallurgy | 1979 | 双月 | 四川省工业和信息化研究院 | 1001–5108 | 51–1152/TF | CA |
| 231 | 塑性工程学报 | Journal of Plasticity Engineering | 1994 | 月刊 | 中国机械工程学会 | 1007—2012 | 11–3449/TG | 北大核心；CA；JST；CSCD；WJCI |
| 232 | 中国有色金属学报（英文版） | Transactions of Nonferrous Metals Society of China | 1991 | 月刊 | 中国有色金属学会 | 1003–6326 | 43–1239/TG | CA；INSPEC；SCI；JST；Pж（AJ）；EI；CSCD；WJCI；卓越期刊 |

续附表

| 序号 | 刊名（中文） | 刊名（英文） | 创刊时间/年 | 出版周期 | 主办单位 | ISSN | CN | 数据库收录情况 |
|---|---|---|---|---|---|---|---|---|
| 233 | 钨科技（英文） | Tungsten | 2019 | 季刊 | 江西理工大学；中国有色金属学会 | 2661-8028 | 36-1350/TF | EI |
| 234 | 钛工业进展 | Titanium Industry Progress | 1984 | 双月 | 中国有色金属工业协会钛锆铪分会；西北有色金属研究院 | 1009-9964 | 61-1292/TG | CA；JST；WJCI |
| 235 | 特钢技术 | Special Steel Technology | 1993 | 季刊 | 攀钢集团江油长城特殊钢有限公司 | 1674-0971 | 51-1444/TF | CA |
| 236 | 特种铸造及有色合金 | Special Casting & Nonferrous Alloys | 1980 | 月刊 | 中国机械工程学会铸造分会；武汉机械工艺研究所 | 1001-2249 | 42-1148/TG | 北大核心；CA；INSPEC；JST；Pж（AJ）；WJCI |
| 237 | 物理测试 | Physics Examination and Testing | 1983 | 双月 | 中国钢研科技集团有限公司 | 1001-0777 | 11-2119/O4 | CA |

续附表

| 序号 | 刊名（中文） | 刊名（英文） | 创刊时间/年 | 出版周期 | 主办单位 | ISSN | CN | 数据库收录情况 |
|---|---|---|---|---|---|---|---|---|
| 238 | 现代制造工程 | Modern Manufacturing Engineering | 1978 | 月刊 | 北京机械工程学会；北京市机械工业局技术开发研究所 | 1671-3133 | 11-4659/TH | 北大核心；JST；CSCD 扩展版；WJCI |
| 239 | 现代铸铁 | Modern Cast Iron | 1981 | 双月 | 中国机械工程学会；无锡一汽铸造有限公司 | 1003-8345 | 32-1112/TG | CA；JST |
| 240 | 新技术新工艺 | New Technology & New Process | 1979 | 月刊 | 中国兵器工业新技术推广研究所 | 1003-5311 | 11-1765/T | |
| 241 | 稀有金属 | Chinese Journal of Rare Metals | 1977 | 月刊 | 中国有色金属学会；有研科技集团有限公司 | 0258-7076 | 11-2111/TF | 北大核心；CA；JST；Pж（AJ）；EI；CSCD；WJCI |
| 242 | 稀有金属材料与工程 | Rare Metal Materials and Engineering | 1970 | 月刊 | 中国有色金属学会；中国材料研究学会；西北有色金属研究院 | 1002-185X | 61-1154/TG | 北大核心；CA；SCI；JST；Pж（AJ）；EI；CSCD；WJCI |

续附表

| 序号 | 刊名（中文） | 刊名（英文） | 创刊时间/年 | 出版周期 | 主办单位 | ISSN | CN | 数据库收录情况 |
|---|---|---|---|---|---|---|---|---|
| 243 | 硬质合金 | Cemented Carbides | 1962 | 双月 | 株洲硬质合金集团有限公司；中国钨业协会硬质合金分会 | 1003-7292 | 43-1107/TF | CA |
| 244 | 有色金属材料与工程 | Nonferrous Metal Materials and Engineering | 1979 | 双月 | 上海有色金属学会；上海理工大学 | 2096-2983 | 31-2125/TF | CA; JST |
| 245 | 有色金属工程 | Nonferrous Metals Engineering | 1949 | 月刊 | 矿冶科技集团有限公司 | 2095-1744 | 10-1004/TF | 北大核心；CA; JST; WJCI |
| 246 | 轧钢 | Steel Rolling | 1984 | 双月 | 中国钢研科技集团有限公司；东北大学 | 1003-9996 | 11-2466/TF | |
| 247 | 制造技术与机床 | Manufacturing Technology & Machine Tool | 1951 | 月刊 | 中国机械工程学会；北京机床研究所有限公司 | 1005-2402 | 11-3398/TH | 北大核心；JST; WJCI |

续附表

| 序号 | 刊名（中文） | 刊名（英文） | 创刊时间/年 | 出版周期 | 主办单位 | ISSN | CN | 数据库收录情况 |
|---|---|---|---|---|---|---|---|---|
| 248 | 中国表面工程 | China Surface Engineering | 1988 | 双月 | 中国机械工程学会 | 1007-9289 | 11-3905/TG | 北大核心；CA；JST；Pж（AJ）；EI；CSCD；WJCI |
| 249 | 中国腐蚀与防护学报 | Journal of Chinese Society for Corrosion and Protection | 1981 | 双月 | 中国腐蚀与防护学会；中国科学院金属研究所 | 1005-4537 | 21-1474/TG | 北大核心；CA；INSPEC；JST；CSCD；WJCI |
| 250 | 中国有色金属学报 | The Chinese Journal of Nonferrous Metals | 1991 | 月刊 | 中国有色金属学会 | 1004-0609 | 43-1238/TG | 北大核心；CA；INSPEC；JST；Pж（AJ）；EI；CSCD；WJCI；卓越期刊 |
| 251 | 中国铸造装备与技术 | China Foundry Machinery & Technology | 1966 | 双月 | 中国机械工程学会；济南铸锻所检验检测科技有限公司 | 1006-9658 | 37-1269/TG | CA |

续附表

| 序号 | 刊名（中文） | 刊名（英文） | 创刊时间/年 | 出版周期 | 主办单位 | ISSN | CN | 数据库收录情况 |
|---|---|---|---|---|---|---|---|---|
| 252 | 轴承 | Bearing | 1958 | 月刊 | 洛阳轴承研究所有限公司 | 1000-3762 | 41-1148/TH | 北大核心；WJCI |
| 253 | 装备环境工程 | Equipment Environmental Engineering | 1983 | 月刊 | 中国兵器工业第五九研究所；国防科技工业自然环境试验研究中心 | 1672-9242 | 50-1170/X | CA；JST；WJCI |
| 254 | 铸造 | Foundry | 1952 | 月刊 | 沈阳铸造研究所；中国机械工程学会铸造分会 | 1001-4977 | 21-1188/TG | 北大核心；CA；JST；WJCI |
| 255 | 铸造工程 | Foundry Engineering | 1977 | 双月 | 中国铸造协会 | 1673-3320 | 10-1635/TG | |
| 256 | 铸造技术 | Foundry Technology | 1979 | 月刊 | 西安市铸造学会 | 1000-8365 | 61-1134/TG | CA |
| 257 | 铸造设备与工艺 | Foundry Equipment & Technology | 1979 | 双月 | 太原科技大学 | 1674-6694 | 14-1352/TG | |

续附表

| 序号 | 刊名（中文） | 刊名（英文） | 创刊时间/年 | 出版周期 | 主办单位 | ISSN | CN | 数据库收录情况 |
|---|---|---|---|---|---|---|---|---|
| 258 | 组合机床与自动化加工技术 | Modular Machine Tool & Automatic Manufacturing Technique | 1959 | 月刊 | 大连组合机床研究所；中国机械工程学会生产工程分会 | 1001–2265 | 21–1132/TG | 北大核心；JST；WJCI |
| 259 | 世界金属导报 | World Metals | 1963 | 周刊 | 冶金工业信息标准研究院 | 1671–2935 | 11–4676/F | |
| 260 | 中国冶金文摘 | CHINA METAL DIGEST | 1986 | 双月 | 冶金工业信息标准研究院 | 1674–0343 | 11–2094/TF | |

注：1. 表中数据来自中国知网，数据采集时间 2023 年 2 月 7 日；

2. 数据库收录情况中，CA 指被化学文摘（美）（2022）收录，Px（AJ）指被文摘杂志（俄）（2020）收录，JST 指被日本科学技术振兴机构数据库（日）（2022）收录，WJCI 指被北京大学《中文核心期刊总览》来源期刊收录，JST 指被日本科学技术振兴机构数据库（日）（2022）收录，WJCI 指被科技期刊世界影响力指数报告（2021）来源期刊收录，CSCD 扩展版指被中国科学引文数据库来源期刊（2021—2022 年度）（扩展版）收录，CSCD 指被中国科学引文数据库来源期刊（2021—2022 年度）收录，卓越期刊指中国科技期刊卓越行动计划入选项目，INSPEC 指被科学文摘（英）（2021）收录，EI 指被工程索引（美）（2022）收录，SCI 指被科学引文索引（美）（2022）收录，AMI 扩展指被 AMI 扩展收录。